從古到今，
所有的帝王都是──
你方唱罷我登場，興於憂患，亡於戰亂，
各個歷代王朝命運大抵如此。
圍繞著他們爭奪皇位的血腥鬥爭，
圍繞著他們專制殘暴的統治，
在宮廷內外演繹出多少驚心動魄、
暗黑事件與曲折離奇的故事。
同時也留下了多少千古之謎！

· 從朱元璋到康熙大帝 ·
歷代帝王
暗黑祕史Ⅲ

趙逸君 主編

前　言

　　這是一個充滿鐵血霸氣的帝王時代！「千古一帝」的秦始皇嬴政橫掃六合、一統華夏，形成了「車同軌，書同文」的局面；雄姿英發的漢高祖劉邦唱著《大風歌》，提三尺劍斬白蛇，創下大漢四百年基業；雄才大略的漢武帝劉徹北伐匈奴、外服四夷，展現一幅幅氣蓋山河的歷史畫卷；光武帝劉秀亂世起兵，推行「偃武修文」，譜寫著復興漢室的英雄史詩⋯⋯

　　這是一個明君雄主各領風騷的帝王時代！智勇雙全的宋太祖趙匡胤從一個浪跡天涯的流浪者，用了十多年時間東征西討、南征北伐，奠定北宋時期的基本版圖，成為一代叱吒風雲、君臨天下的開國大帝；銳意進取的宋孝宗趙昚外鞏疆土、內治國政，終成南宋之盛世大觀；一代天驕元太祖孛兒只斤・鐵木真手挽強弓，指揮著蒙古鐵騎統一蒙古、西征東進，為大元帝國打下了一片橫跨亞、歐的遼闊國土；壯年雄心的元世祖孛兒只斤・忽必烈一統中國，南征西進，開創人類歷史上最大世界版圖的帝國⋯⋯

　　這是一個英雄輩出的年代！「洪武之治」的明王朝開國皇帝朱元璋，橫空出世，南征北戰，創大明王朝之基業；開疆拓土的明成祖朱棣，臥薪嘗膽，一戰定乾坤，登臨皇帝寶座，成萬國來朝之太平盛世；血海餘生的清太祖愛新覺羅・努爾哈赤雄霸遼東

漠北，奠定滿清王朝霸業；有勇有謀的清太宗愛新覺羅‧皇太極奪得汗位，確定了大清國號並初創帝制；八歲登基的清聖祖愛新覺羅‧玄燁，勤奮好學，志向遠大，14歲鏟除鰲拜，獨掌大權，勵精圖治，寬民裕國，創「康乾盛世」之宏偉業績……

翻開一頁頁浸透著血與火的歷史，金頂紅牆隔世絕，太液池邊聽秋風。一步步撥開歲月的迷霧，讓歷史走近現實。

從古到今，所有的帝王都是你方唱罷我登場，興於憂患，亡於戰亂，歷代王朝命運大抵如此。圍繞著他們爭奪皇位的血腥鬥爭，圍繞著他們專制殘暴的統治，在宮廷內外演繹出多少驚心動魄、曲折離奇的故事，也留下了多少千古之謎。

帝王祕事，永遠都是老百姓最感興趣的話題。在這兩千多年封建帝王統治時期，喋血宮廷、血染王冠、爭權篡位的故事在中國歷史上一直盛演不衰，皇權和皇位歷來都是野心家追求的目標、陰謀家成長的搖籃，帝王的血腥、風流、陰謀、懸疑、謎案傳承了封建王朝由強盛到衰弱的主線……所以，皇帝的一生也就增添了很多跌宕不平的神祕色彩。

本書有你最想知道的皇家內幕，為你曝光帝王祕事，再現英雄傳說，蒐集天下逸聞，為你揭開層層謎團。比如秦始皇稱自己為始皇帝，希望後代從他那兒開始，稱二世、三世，直到萬世，永遠相傳，沒有窮盡，可偏偏他一手創造的大秦王朝僅存兩世便滅亡了，其中總是帶著這樣或那樣的必然和偶然，布滿了謎團；宋朝的宮闈、朝政令後人百思不得其解，十八帝中有一半沒有子嗣繼承大統，這在歷朝歷代絕無僅有；「斧聲燭影」、「狸貓換

太子」等民間廣為流傳的故事背後，顯然隱藏著不為人知的流年往事……凡此種種，讓讀者期待，令學者驚奇。

　　本書分三冊，共匯集了歷代王朝中48位帝王，涵蓋了他們的人生軌跡、朝廷政務、後宮生活以及如何坐上皇帝寶座，如何消亡身死……層層揭開他們的身後留下的謎團，並以史實依據，講述他們的歷史、生平與政治生涯……具有史料性、知識性、趣味性、可讀性。

　　這兩千多年的歷史裡，有人為民族作出的貢獻，也有人為民族帶來屈辱和創傷的辛酸記錄，譜寫了一曲曲波瀾壯闊的歷史壯歌，也彈奏出一首首如泣如訴的慷慨悲歌，為古老的各朝代歷史畫卷增添了一筆濃墨重彩。

目錄

第一篇 細說明朝皇帝的那些懸疑事

明太祖朱元璋：精心策劃大冤獄
朱元璋籍貫到底在哪裡 / 017
朱元璋成功的原因 / 022
朱元璋為何大殺開國功臣 / 024
朱元璋為何不再另立皇后 / 026
朱元璋究竟長得什麼樣 / 028
朱元璋的「四菜一湯」來歷 / 031
朱元璋的「重典」祕聞 / 033
破解朱元璋死亡和下葬之謎 / 037

明成祖朱棣：血火走出盛世君
朱棣的生母是誰 / 043
朱棣為何遷都北京 / 046
朱棣為何活剮三千宮女 / 048

明仁宗朱高熾：懸疑即位早逝去
朱高熾登基有玄機 / 052
朱高熾暴死之謎 / 057

明宣宗朱瞻基：盛世天子好促織
　　朱瞻基是如何登臨帝王之位的 / 061
　　朱瞻基為何叫停鄭和下西洋 / 065

明英宗朱祁鎮：大明傳奇第一君
　　朱祁鎮生母究竟是誰 / 070
　　朱祁鎮為何要摘「祖立鐵匾」 / 072
　　朱祁鎮為何非要置于謙於死地 / 075
　　「壬寅宮變」大揭祕 / 077

明武宗朱厚照：「豹房少年」政事荒
　　朱厚照生母到底是誰 / 081
　　朱厚照「豹房」亂政之謎 / 084

明穆宗朱載垕：女兒國中竟風流
　　朱載垕是如何登上皇帝寶座的 / 088
　　朱載垕是怎麼死亡的 / 092
　　朱載垕的皇陵一波三折 / 095

明熹宗朱由校：文盲天子誤國家
　　朱由校「裸檢」選妃祕密 / 101
　　朱由校為何寵信魏忠賢 / 103
　　朱由校的皇后下落何方 / 108

明思宗朱由檢：生不逢時深宮恨
　　朱由檢為何要「南遷」／112
　　朱由檢子女流散何方／116

第二篇　回眸大清帝王的如煙祕史

清太祖努爾哈赤：鐵血汗王情商低
　　帝從何來：努爾哈赤身世大揭祕／123
　　組織性強：努爾哈赤八旗軍的戰力陡增祕聞／125
　　紅顏薄命：努爾哈赤最愛的女人祕聞／129
　　權位相爭：努爾哈赤殺害手足之謎／132
　　利益爭奪：揭祕努爾哈赤殺子史實／136
　　死因之謎：是大炮所傷還是疽發而死／140

清太宗皇太極：大清王朝第一帝
　　篡奪汗位：皇太極的繼位祕聞／145
　　太后下嫁：皇太極老婆為何下嫁小叔子／148
　　淒美動人：皇太極與宸妃的生死戀／153
　　香艷謀殺：皇太極究竟是怎麼死的／157

清聖祖康熙皇帝玄燁：少年天子譜傳奇
　　鞏固統治：康熙帝勅封關公的目的／160
　　儲位虛懸：康熙帝立廢太子祕事／163

　　鏟除異己：康熙帝智擒鰲拜祕聞／167
　　死因懸疑：是自然死還是謀害致死／172

清世宗雍正皇帝胤禛：一生太多疑和問
　　眾說紛紜：雍正皇帝登基之謎／177
　　刻薄寡恩：雍正帝幽禁兄弟祕聞／181
　　身後謎團：雍正皇帝死因懸疑／184

清高宗乾隆皇帝弘曆：千秋功過難評定
　　身世懸疑：弘曆的生身母親是誰／189
　　伊人香消：乾隆帝香妃身世祕聞／195
　　不為人知：乾隆皇后死因之謎／199

清德宗光緒皇帝載湉：命運執掌在姨母手中
　　失去信任：揭祕光緒罷免老師翁同龢真相／204
　　四面楚歌：戊戌政變後慈禧不殺光緒真相／207
　　韜晦流產：含垢忍辱的光緒為什麼沒能復出／211
　　固執無權：光緒被幽禁後為何不逃跑／214
　　撲朔迷離：光緒皇帝死因之謎／217

宣統皇帝溥儀：末代皇帝成公民
　　哭鬧皇宮：三歲溥儀登基祕聞／223
　　悽慘人生：揭祕溥儀之妻婉容死因／227
　　塵埃落定：溥儀墓地之謎／234

第一篇 細說明朝皇帝的那些懸疑事

明太祖朱元璋

精心策劃大冤獄

　　明太祖朱元璋，本名朱重八。明太祖洪武元年（1368年），朱元璋建立了大明王朝，定都南京，建元「洪武」。朱元璋稱帝前後，大舉北伐。洪武元年（1368年），朱元璋的北伐軍佔領元朝大都。統一全國後，朱元璋採取加強封建專制主義統治的措施：改革中央和地方的行政機構，廢丞相制，權分六部；調整地方和軍事機構，設立三司；推行八股科舉制；加強特務統治。

　　朱元璋在位期間所取得的成就是令人矚目的，他勵精圖治，發展生產，使得中國封建經濟在他統治時期發展到最高峰。但朱元璋開國後大肆誅殺功臣，並大興文字獄。在他統治時期，中國的君主專制統治也被推向了新的高度。

　　明太祖洪武三十一年（1398年），朱元璋去世，享年71歲。

　　在中國歷朝歷代的皇帝當中，真正出身於貧窮的布衣之家，只有朱元璋一人。從赤貧的社會最底層坐上明朝開國皇帝的寶座，朱元璋的一生充滿了傳奇色彩。

　　朱元璋從社會最底層而登上天子大位，雖然是時代的造就，但他個人的奮發與天資也是不可或缺的。時勢造英雄，英雄也造時勢。朱元璋的雄韜偉略影響了歷史進程，也為後世的傑出政治家、軍事家樹立了楷模。

朱元璋籍貫到底在哪裡

　　關於朱元璋的籍貫，贊同者最多的是「鍾離東鄉說」。據《明史》記載，「太祖諱元璋，字國瑞，朱姓。世家沛，徙句容，再徙泗州。父世珍，始遷濠州之鍾離。生四子，太祖其季也。」

　　據說，朱元璋原本是沛縣農民的後代，祖籍在沛縣。北宋末年，金人南犯中原，世代居住在沛縣的一個名叫朱百六的窮苦農民，帶著夫人胡氏和兒子朱四五、朱四九南渡長江，遷徙到了金陵句容通德鄉的朱家巷落戶，以種田為生。朱四九娶了一位侯家女兒，生下四個兒子，即朱初一、朱初二、朱初五、朱初十。

　　到了宋末元初時，朱家已淪落為「淘金戶」，專為元朝統治者開採金銀等貴重礦物。朱初一見在句容難以生存，又帶著夫人與12歲的大兒子朱五一、八歲的小兒子朱五四向淮北逃亡，由於泗州一帶荒地較多，就在泗州的盱眙津里鎮定居下來，以農耕為生。

　　後來，朱五四娶陳氏，由於生活陷於艱難，又遷徙至安徽靈璧縣，最後至濠州鍾離東鄉，又至西鄉，在太平鄉孤莊村定居下來。朱五四到鍾離之前，已生有三個兒子、兩個女兒，兒子分別叫重四、重六、重七，朱五一生有重一、重二、重三、重五四個兒子，等到朱元璋出生時，就取名叫重八。

　　在古代，由於缺乏文化，窮苦人家的孩子取名字不易，一般

按照日子和輩分，以數字取名。直到朱元璋長大以後，才給自己取了正式的名字叫興宗，後又改為元璋，字國瑞。而朱元璋登基的年號是洪武，後人遂又稱其為洪武皇帝，在鳳陽一帶，人們則稱他為朱洪武。

自從做了皇帝，朱元璋出生的村莊就被尊稱為趙府村，又稱靈跡村或靈跡鄉。據史書傳言，朱元璋出生的時候有不少祥瑞的天象。就在朱元璋出生的前一天，母親陳氏夢見正在屋子南邊幹活時，有一個頭戴黃冠，身穿紅袍，有著長鬍子的道士從西北方向來，從院裡一堆麥糠中取出一顆白藥丸，給陳氏吃下，陳氏醒後嘴裡還有一股香氣，第二天就在二郎廟生下了朱元璋。二郎廟旁邊的山岡亦得名為躍龍岡，又稱孕龍基。明神宗萬曆三十年（1602年）曾在此立碑，上書躍龍岡，殘碑至今仍在。

據說朱元璋生下來時，紅光耀天，映紅了整個廟宇和附近的山，紅光接連閃現了幾天，人們都很詫異。朱元璋稱帝後，就將那片山命名為明光山，至今安徽省有明光市和明光鎮，地名便是來源於此。

當然，從今天科學的觀點來看，這些說法都是後人附會上去的，目的自然是為了說明皇帝受命於天。事實上，真實的情況是，朱元璋出生時家境十分艱難，就連包裹嬰兒的衣物也是從河裡撈起來的破紅綢布，只是到了後來的傳說中，就變成了附近二郎廟的和尚抱朱元璋在河裡洗澡時，河中突然浮起一方紅羅，便為他裹身，稱為「紅羅幛」。對於「鍾離東鄉說」，一般在正史記載中都持此說法，像明成祖時的大學士解縉著的《天潢玉牒》、懷素的《皇陵碑》中也都是如此認為。

第二種看法是清朝初期的大學者查繼佐在私人撰寫的明史《罪惟錄》裡提出的。他認為朱元璋的父親因為家道中落，遷徙

到了江蘇盱眙的五河鄉，在這裡生下了朱元璋，這就是「盱眙縣五河說」。對這一假說，曾經有學者根據《盱眙縣誌》進行了考證，經過推斷認定：在元代，盱眙並沒有五河這個鄉，反倒是在盱眙鄰近的今安徽境內有個五河縣。

第三種說法認為朱元璋出生於盱眙縣太平鄉的明光山二郎廟旁，明人王文錄寫的《龍興慈記》、高岱的《鴻猷錄》及明清兩代的《盱眙縣誌》都贊同這一說法，上面提出的許多靈異傳說皆由此而來。作為證據，成於明神宗萬曆年間的《盱眙縣誌》就自稱為《帝里盱眙縣誌》，其首卷更是開宗明義曰：《聖跡志》。

這一說法雖與第一種「鍾離東鄉說」有出入，但事實上在明清時代，明光處於盱眙縣與臨淮縣交界處，二地的連接非常緊密。因此，也有可能在元朝時，明光確實屬於鍾離東鄉。不過，問題是：根據譚其驤的《中國歷史地圖集》，明光在明清時期一直是在盱眙縣境內，從未隸屬過鍾離，也即後來的鳳陽。

根據幾種不同說法綜合分析推斷，朱元璋的出生地在盱眙太平鄉二郎廟附近似乎最為可信。這一帶就是今天安徽明光市明東鄉的趙府村，而不是鍾離東鄉即今天的鳳陽東北。當時，太平鄉雖然屬於盱眙，但是鄰近鍾離。

所以，後來朱元璋的父母很有可能帶著他西遷到不遠的鍾離東鄉。鍾離作為朱元璋的崛起之地和父母葬地，只能算做第二故鄉。朱元璋在為其父母作的《明皇陵之碑》中就稱鍾離是「寓居是方」，並且朱元璋父親在盱眙居住了四十多年，朱元璋本人又生在盱眙，從情理上說，他的籍貫應該是盱眙縣太平鄉。

以上都是以朱元璋的出生地為籍貫的爭論。按照我國的歷史習慣，籍貫指本人的原籍，一般都是按照祖籍去填寫的。因此，朱元璋的籍貫又有「句容說」。據學者介紹，20世紀80年代，曾

第一篇 細說明朝皇帝的那些懸疑事

有民間文藝工作者在江蘇句容縣收集到這樣一首民謠，其中唱道：「句容蠻，句容蠻，提到句容就膽寒。小小的神仙張邋遢，大大的狀元李春芳；陰間的皇帝朱元璋，陽間皇帝張祠山。」

句容人數百年來一直宣稱朱元璋是他們本地人，這裡所指的就是朱元璋的祖籍，是毋庸置疑的。元順帝至正二十三年（公元1363年），朱元璋在句容立朱氏世德之碑。在碑文中，朱元璋自稱朱家出自金陵的句容，地名朱家巷，在通德鄉，祖墓都在朱家巷，元初的時候，祖父朱初一作為淘金戶賠納不起官府的稅賦，而丟棄房屋土地逃離句容，去盱眙墾荒。

到了明世宗嘉靖年間，句容縣通德鄉朱家巷是朱元璋祖籍一事還被再次提出，並引出了一連串的動靜，因為當時曾有一個句容籍的官員上奏嘉靖皇帝，說句容是皇上的祖籍，要求加封該地。

說到這裡，我們還不能不提一下朱元璋的遠籍。由於出身貧寒，朱元璋能夠上追的祖先只有五代，這在普通百姓自然沒有什麼。但是，作為帝王之家，按照中國古代的禮制，皇帝要立始祖廟祀祖先，就必須追溯到遠祖。

據說，在朱元璋做皇帝後，就曾有官員提出以朱熹（新安籍，今安徽徽州地區）為祖先。後來朱元璋接見一個新安籍的朱姓官員時，就問過他是否是朱熹的後代，結果這個官員非常惶恐地說「臣自有臣祖」，言外之意是他與朱元璋不是同一個祖先，而新安朱姓均出自朱熹。為此，朱元璋很傷感，就將這一提法作罷。此事反映出在朱元璋的遠籍問題上也存在著爭議。

據有關學者們的研究介紹，朱元璋的遠籍目前也有三種說法，一種是沛地說，一是丹徒說，一是山東仙源說。

吳晗的《朱元璋傳》認為朱元璋的較遠的祖籍是沛縣，至今

在當地還有這樣的說法，而較早在《明史》中也有明確的記載。這裡的沛，據認為是指郡望，它源自漢代的沛郡，應是今天的安徽濉溪縣西北一帶。

明初的解縉的《大明帝典》認為朱元璋「始居丹徒」，但是這一說法在清代史學家潘檉章的《國史考異》中已經為人所辯駁，難以確證。

明朝承休端惠王的《統宗繩蟄錄》，作為明宗室藩府的記錄，它追溯朱元璋的祖先是「漢時山東兗州府仙源縣興賢鄉人」。據今天的學者考證，仙源即今天的山東曲阜縣境內。

這一說法，因為從朱氏皇族的世系記述上來說來龍去脈最為完備且詳細，與朱氏世德之碑的記載也沒有衝突，因此為不少學者所肯定。

籍貫是中國人尊祖敬宗觀體系中的一件大事，作為九五之尊的帝王，在籍貫問題上自然要慎之又慎。正因為如此，才會在朱元璋的籍貫問題上出現這麼多的爭論。

朱元璋成功的原因

在中國歷史上有兩位出身低微的開國皇帝：漢高祖劉邦和明太祖朱元璋。劉邦好歹也是鄉里幹部，可朱元璋卻什麼也不是，只是一個僱農的兒子，社會地位低到極點。時勢造英雄，就是這個僱農之子奠定了明朝近三百年的基業，擘劃了明朝的典章制度框架，成為一代豪主，可與唐宗、宋祖相匹敵。以其起家身分之低微，他的成功更加充滿了傳奇色彩。朱元璋永遠都是一個富有魅力的歷史人物，說不盡，道不完！

作為明朝的開國皇帝，朱元璋是一個情感豐富、有血有肉的人。在朱元璋創業的人生路上，馬皇后是一重要人物。兩個寄人籬下的苦命人，共同的生活遭遇將他們連在了一起。從此患難與共，相濡以沫，互敬互愛。俗話說：患難夫妻才是真夫妻。做了皇帝的朱元璋與馬皇后，仍然保持著戰爭年代的真情，夫妻相敬如賓。在商量如何應對許多重大國事上，馬皇后為天下女性樹立了一個模範賢內助的形象。馬皇后死後朱元璋不再立后，表達了他對妻子深深的愛。

朱元璋是一個極富政治智慧的人。他自幼家庭貧困，從放牛到雲遊行僧，從義軍首領到開國皇帝，這段生活經歷，大大增長了他的閱歷和智慧。元朝皇綱墜落，天下大亂，群豪並起，這種形勢給朱元璋提供了施展抱負和才幹的歷史舞台。

打下南京以後，東邊張士誠南邊陳友諒形成包圍態勢，對朱

元璋造成很大威脅。為了消滅這兩股力量，朱元璋充分顯示了自己的政治智慧。他根據自己對張士誠與陳友諒的了解，斷然決定先打陳友諒，再滅張士誠。結果，當朱元璋傾城而出與陳友諒決戰於鄱陽湖的時候，張士誠仍在吟詩作賦。

政治是危險的，不是每個人都能玩轉的俄羅斯方盤，它需要有足夠的智慧和天賦。而朱元璋正是具備這種智慧與天賦的人，所以他才能從乞丐到皇帝成就霸業。

朱元璋

最後，得民心者得天下。經歷過艱辛流浪生涯的朱元璋，非常明白得民心的重要意義。為取得民心，朱元璋採取兩手策略，一手放，一手抓。放的是老百姓，抓的是貪官污吏。對於貪官污吏，朱元璋毫不手軟。剝皮揎草、斬頭處死、投入蛇池等等手段，無所不用。即使是最能幹的大臣和最愛的公主的丈夫，為了天下，為了民心，也絕不姑息養之。朱元璋深知失去了民心也就是意味著失去天下。這時朱元璋性格中殘暴的一面也暴露無遺。

朱元璋為何大殺開國功臣

關於朱元璋瘋狂屠殺功臣元勳的心理動因，歷史學家有不同的解釋，最有代表性的解釋是，朱元璋看到皇太子懦弱，擔心自己死後強臣壓主，所以事先消除隱患。

這種解釋有一則宮廷軼聞可為佐證：有一天，皇太子勸說父親不要殺人太多，朱元璋把一根長滿了刺的棍子丟在地上，命皇太子用手拾起來。皇太子一把抓住刺棍，結果給扎破了手掌，並連聲呼痛。朱元璋說：「我事先為你拔除棍上的毒刺，你難道不明白我的苦心嗎？」

就算上面的解釋是真實的，也說明被殺的功臣都蒙受不白之冤，「謀反」根本是莫須有的罪名，而在屠殺功臣的同時也助長了司法制度的黑暗。

皇太子懦弱而皇太孫年幼也許是原因之一，但恐怕不是主要的原因。之所以如此，主要是朱元璋的自卑心理在作祟。朱元璋出生於一個極度貧苦的家庭，父母雙雙死於瘟疫，很小就成了孤兒。他放過牛，當過幹粗活的小和尚。

天下大亂時又被迫落草為寇，在底層社會受盡欺凌。因為出身過於卑賤，朱元璋對上流社會既羨慕又仇恨，既想拼命擠進去，又恨不得把上層人士踩在腳下。他沒有機會接受系統的教育，缺少做人的崇高理想和高尚情操，不可能把苦難身世演變為改造社會普濟天下蒼生的動力，相反，因為自己沒有學問，便對

有學問有才能的人嫉妒得發狂。

像胡惟庸、李善長、劉基等人，都是運籌帷幄、決勝千里的智囊，朱元璋的江山是他們三人智慧的結晶。在本質上，自卑感過重的領袖，跟有才幹的部屬不能並存，因此，他們三人在朱元璋的力量不夠強大時還可被委以重任，一旦朱元肆意識到自己沒有他們，也有足夠的安全保障時，他們的生命也就完結了。宋濂也是出身貧寒，身世和朱元璋相近，按理會同病相憐，但宋濂太有學問，朱元璋最終還是容忍不了。

朱元璋對功臣實行滅種式的屠殺後，以為自此國泰民安，沒想到，他剛剛進入墳墓，他的第四個兒子、分封在北平的燕王朱棣便舉兵反叛，開始了復仇式的宗族自相殘殺。因為功臣被屠殺罄盡，中央軍沒有傑出的統帥，叛軍輕而易舉地取得了勝利，建文帝在都城陷落之時永遠失蹤了，野史還傳說他遠逃海外去當了和尚呢！

朱元璋為何不再另立皇后

　　朱元璋當皇帝後，天不怕地不怕，就怕馬皇后，生怕馬秀英不高興。而馬氏因為恪守婦道，人品好，後宮嬪妃沒有人不服，史學家稱馬氏是一個稱職賢惠寬厚仁慈的正宮娘娘。

　　史書上對馬皇后多有褒言，《明通鑒》稱：「后，宿州人，仁慈有智鑒，好書史，佐上定天下，恆勸以不嗜殺人為本。及冊為皇后，勤於內治，暇則講求古訓，告六宮以宋多賢后，命女史錄其家法，朝夕省覽。……妃嬪、宮人皆厚待之。命婦入朝，如家人禮。愛誦《小學》，嘗求上表章。上決事或震怒，輒隨事微諫。雖上性嚴，為緩刑，戮者數矣。」

　　從這段記載上可見，呂雉與馬秀英是兩個完全不能相比同論的皇后，一個惡毒，一個仁慈；一個不守婦道，搞亂後宮，一個恪守女道，穩定後宮；一個煩人，一個省心。

　　在這一點上，劉邦確實是不幸的，而朱元璋則是幸運的。

　　馬皇后還為朱元璋的政事操心，馬皇后曾多次勸朱元璋：「誠如陛下言。妾與陛下起貧賤，至今日，恆恐驕縱起於奢侈，危亡起於細微。故欲得賢人，共理天下。」如果不是馬皇后，朱元璋還不知要濫殺多少人呢！

　　而劉邦的皇后呂雉呢，則嫉賢妒能，為了坐穩自己的皇后，什麼事都幹得出來。

　　朱元璋也深知自己妻子的賢能，在馬皇后生病後，朱元璋為

她請來了良醫，還親自送飯，親手餵藥，大臣也為她禱祀。《明通鑒》載，馬皇后告訴朱元璋：「死生命也，禱祀何益？且醫何能活人，使服藥不效，得毋以妾故罪諸醫乎？」

《國榷》也稱：「后微時，依郭子興家，事上備極艱苦。每佐征討大策，補縫行間，雖貴極，謙素不渝。上或譴怒，輒婉辭。朝夕尚食，手劑之，其謹微類此。疾篤，不復飲藥。曰：『藥無益，徒為醫者累。』」

臨死時，朱元璋問她有什麼話留下，她說：「願陛下求賢納才，慎終如始。」洪武十五年，馬皇后死了，時年51歲。朱元璋是淚如雨下，至死也沒有再立一個皇后。

死後，朱元璋給馬皇后很高的榮譽，諡之「孝慈昭憲至仁文德承天順聖高皇后」，孝陵之名即由此而來。嘉靖十七年，加諡「孝慈貞化哲順仁徽成天育聖至德高皇后。」（《明史‧后妃傳》）

朱元璋究竟長得什麼樣

明太祖朱元璋流傳在世的畫像版本眾多，目前外界能見到的畫像主要集中於這兩類：一醜一俊，即帥哥朱元璋與醜男朱元璋。到底哪種版本才是朱元璋的真實面貌？這也是一個歷史謎團。迄今最全的朱元璋畫像，既有宮廷的，也有民間的，版本達16種之多，有的相貌很滑稽，十分新鮮。

以前給帝王畫像，有御用畫師。民間有一個流傳極廣的朱元璋畫像故事：說是朱元璋稱帝後遍召丹青高手給自己畫像。

第一個進宮的畫師十分認真，把像畫得惟妙惟肖，栩栩如生，和真人一樣。朱元璋看到自己醜陋的形象，頓時大怒，把畫師推出去斬了。

第二個吸取了教訓，自作聰明，把朱元璋畫成美男，一表人才，五官端正，相貌堂堂。朱元璋一看這哪是自己啊，明明是在忽悠他，自然畫師難逃一死。

第三個是聰明人，揣摩出了朱元璋的心思，追求「神似」：臉型描摹得與真人差不多，其他部位跟著感覺走，就如現在相館給新郎新娘拍婚紗照，處理得模棱兩可，說是也是，說不是也不是。結果朱元璋看到自己滿臉仁慈，一副帝王之相，龍顏大悅。不用說，畫師獲賞，免予一死，被放回了家。

這段「民間故事」真偽成為歷史之謎。不過，裡面透露出一個信息，朱元璋的相貌確實異於常人，可能與秦始皇一樣，是不

合比例,五官失調。「愛美」之心人皆有之,何況講究威儀的帝王朱元璋!所以朱元璋暗示畫師造假的可能是存在的。

目前來說,除了一兩幅外,絕大部分版本都係明亡以後民間所繪,有的版本極不嚴謹,如把朱元璋的皇冠繪成了秦漢制式,和秦始皇、漢武帝戴的是一樣的,顯然是不合情理的。還有將朱元璋的下巴畫得大如饅頭,從生理角度講,這是不可能的,除非得怪病。如果這種長著奇怪下巴的畫像真是明時之作,那只有一種解釋,就是當時確實把朱元璋的奇異相貌當成帝王奇相來理解了;或是朝廷有意授權畫師,通過障眼法來愚弄臣民。

從歷史上看,在出生、相貌上故弄玄虛,也確是帝王美化自己的一個常用小把戲。如《明實錄》記載,朱元璋是晚上出生的,生下後紅光滿地,房裡異常發亮,鄰居以為朱家失火了。實際上這怎麼可能呢,說紅色滿地倒是真的,因為其母生他時大出血了。

再有,朱元璋與哥哥葬父時說是遇到暴雨,於是放下包裹在蘆席裡的父屍,進廟裡躲雨,結果雨停了,奇事也出現了,屍體所在地方自起墳頭,於是就傳出了朱元璋葬父葬到出真龍天子的風水寶地上了。朱元璋稱帝後專門在鳳陽的「中都」修築了皇陵,將父母的連棺材也買不起的土墳頭,改建成帝王陵,至今尚存。所以,不排除後世或朱元璋本人有意為大明開國皇帝,從相貌上尋找天意的可能。

民間一直認為,朱元璋患過天花而不死,留下了一副麻臉,加上他的下巴可能稍長,額骨稍凸,時人可能覺得太醜了,御用文人則正好附會說這是帝王奇相:「下輔學堂地閣朝,承漿俱滿是官僚。如教中輔來相應,必坐樞庭佐舜堯。」一般地閣(下巴)飽滿就是官相之人,而朱元璋地閣雄奇,妙不可言,貴不可

測,自然是帝王的好命了,相貌異於常人。

每個帝王在文人的筆下都是天子相,文人美飾帝王在歷代都這樣的。如上文曾提到的漢高祖劉邦,本來就高鼻梁長鬍鬚之男子,但《漢書·高帝紀》稱,「高祖為人,隆準而龍顏,美鬚髯,左股有七十二黑子。」連身上的黑痣都成了貴處。

面對朱元璋那張現保存於北京故宮,並為南京閱江樓等多個明朝景點懸掛的一臉仁慈的「標準像」,有不少人覺得與真人不相符,是假的,相信長著怪異下巴的畫像與真人最接近。

明太祖朱元璋到底長得怎麼樣,醜不醜,現在誰也說不清,成了一段歷史疑雲。可能不太醜,要不然在濠州起事的王財主郭子興,怎麼可能把義女馬秀英嫁給一個要錢沒錢要長相沒長相的窮和尚?

再說,相貌會遺傳的,朱元璋生有朱標、朱棣等24個兒子,這麼多「龍種」當中為什麼沒有一個人肥耳、大下巴,與他長得相似?從明諸帝的畫像來看,均無此長相啊,相反都與朱元璋的標準像差不多。所以說,真實的朱元璋與標準像不會差得太遠。

有朝一日,如果朱元璋的陵寢孝陵地宮被打開了,找到其遺骨,用現代電腦3D復原技術處理一下,真相就會大白了。

朱元璋的「四菜一湯」來歷

在中國歷史上,朱元璋算得上是一位堅決反腐敗的皇帝。他不僅發明了「剝皮揎草」的酷刑來懲治貪官,還推出「四菜一湯」模式來教化官員。

倪方六先生的《帝王祕事》一書講了一個故事:朱元璋當上皇帝後,老百姓的生活貧窮依舊,達官貴人卻窮奢極欲,過著花天酒地的生活。

朱元璋十分焦慮,決心整治這股官場奢侈風氣。適逢皇后生日,眾多官員都來賀壽。朱元璋吩咐上菜:第一道菜是炒蘿蔔,第二道菜是炒韭菜,第三道是兩大碗青菜,最後一道是蔥花豆腐湯。眾臣不解,朱元璋解釋:「蘿蔔上了街,藥店無買賣;韭菜青又青,長治久安定人心;兩碗青菜一樣香,兩袖清風好丞相;小蔥豆腐青又白,公正廉潔如日月。」

大臣聽罷,才知道朱元璋的用意。

朱元璋當眾宣布:「今後眾卿請客,最多只能『四菜一湯』,這次皇后的壽筵即是榜樣,誰若違反,嚴懲不貸。」

這件事雖不見於正史,但依朱元璋的性格和信念來推斷,他絕對會幹出這樣的事。他的廉政建設措施中,還有許多比這更驚人也更「另類」的事。

為了嚴肅法紀,打擊貪官污吏,他不僅主持編寫、頒布了比歷代刑律更為嚴厲的《大明律》,還以皇帝詔誥的形式發表《大

誥》，即他處理的貪污受賄、為非作歹的案例匯編。

　　為了達到「戶戶有之」，一共印了一千萬多冊，創造了印刷史上的奇蹟，須知當時其子民不過五千萬餘人，還有一大半是文盲。為了讓《大誥》深入人心，朱元璋命令把《大誥》列為必修課程，科舉考試要從中出題。

　　他還別出心裁，設專人每天五更在譙樓上吹起號角大聲唱道：「為君難，為臣又難，難也難。創業難，守成更難，難也難。保家難，保身又難，難也難！」提醒官員們要廉潔自律，不要心生邪念。

　　朱元璋在世時，官場貪賄、奢靡現象有所收斂。不過在他去世後，「四菜一湯」從此無人再提，《大誥》也被棄之如敝屣，官場的貪贓現象出現反彈，貪官們瘋狂地聚斂搜刮，以彌補以前的「損失」。

朱元璋的「重典」祕聞

「重典」就是用嚴厲的懲處條例來管束官吏。朱元璋在登上皇位以後,他面臨的是一個元朝末年天下混亂的局面,這個局面亂在兩個方面,一個就是當時群雄並起,天下是一種分割混亂的狀態。第二個,就是因為元朝末年制度敗壞,官員隊伍鬆懈腐敗,沒有秩序,沒有規矩。

朱元璋如果想要自己的統治能夠長久,能夠安定下來,他必須建立一個廉潔的、有效率的、能夠聽他指揮的這樣一支官僚隊伍。他怎麼樣來實現他的目的呢?首先他制定了考核制度。明朝的考核制度分為兩種:一個叫做考察,一個叫做考滿。

考察是對於天下所有的官員進行考察,不限於哪一個官員的具體的任期。考滿就是就一個官員而言,在他任職三年、六年、九年的階段,進行考察。這叫考滿。所以考滿三年叫做初考,六年叫做再考,九年叫做通考,通考就是把這九年任職期間的表現都考察下來。考察的等級根據工作表現,根據你所承擔任務的繁重程度,定稱職、平常、不稱職。九年考下來再給一個總成績,決定升遷,四品以上的官員到朱元璋面前,由皇帝裁決,這個官員是怎麼用,四品以下由吏部來處理,這叫考滿。

什麼是考察呢?考察又稱為大計,分為京察和外察,京察又稱為「通天下之官員而計之」。就是把所有天下的官員統統地進行一次考察,一般是六年進行一次。以亥、巳之年進行。咱們是

第一篇 細說明朝皇帝的那些懸疑事

申酉戌亥，十二干支，它六年一次，亥年和巳年進行。還有在亥、巳年之外也進行的考察叫做「潤考」，就是臨時增加的考察。

這些制度到了明朝中後期就是越來越完善，但是在明朝初期，朱元璋時期就已經大體上具備了。所以明朝的考察制度非常嚴厲。

制度是有了，但是這些還不夠，朱元璋還命令全國的老百姓對官員實行監督。怎麼監督法？他給全天下下詔書，要求地方官員有表現不好的，老百姓有意見的，允許當地百姓三個人、五個人、幾十個人到京來告狀，他要親自接待。而且，各地官員和把守道路的這些巡檢司，這些哨所、關口，不能阻擋，如果阻擋了，以扣押實封論處。什麼叫「實封」呢？就是給皇帝上的奏書黏好了，不讓別人看，直接讓皇帝知道的。如果你不讓別人來告狀，中間受到阻攔了，阻攔的官員要以扣留上報奏章的罪來論處。讓百姓到京告狀，是對官吏考核制度的一種補充。但是，只有考核，有制度，有群眾的監督，還沒有解決問題，官員隊伍的整頓成效不大，朱元璋不得已就要用重典治國，用嚴厲的刑罰來懲處違法亂紀的官員。

朱元璋說，元朝末年太寬縱了。朱元璋規定，凡是官員貪污在60兩以上的，就要處死，要把這個犯人剝皮實草。什麼叫剝皮實草？把他的人皮剝下來，裡頭裝上草，掛在哪兒，掛在公堂，他的後繼者就在這個前任的前面上班，警戒後來者。

洪武十九年發生了一件令人觸目驚心的事情。朱元璋得到報告，說戶部的侍郎郭桓和北平的布政司李彧、趙全德等人勾結起來作弊。作的什麼弊呢？倒賣官糧。把倉庫裡的糧食據為己有，接受地方官的鈔、賄賂。因為接受了地方官的鈔，作為賄賂，因此就和地方官勾結起來共同作弊。作弊的數額非常之大，這些倒賣的官糧達到多少呢？就達到2400餘萬石。這裡面有很長一句

話，朱元璋他說實際上比這個數還多。這裡頭有兩個問題，一個是數量確實很多，但是這個數量的多，也可能還有一點虛的成分，所以朱元璋沒有說那麼多。虛的成分為什麼來呢？就是自元朝以來，在官場上有一種虛報數字的惡習。說我們倉裡收了多少糧食，老百姓應該交多少，實際這數字有水分。可是要真查的時候，倉裡沒有，你按什麼治罪？按虛的治罪，可能就虛了。

所以朱元璋說，我就給你們算了2000多萬石，怕說多了嚇你們一跳。朱元璋怎麼辦呢？說這個好辦，咱們一點點查吧，你不是交到了戶部嗎？肯定是從布政司來的，那好，我查到地方布政司，布政司是相當於現在的省級單位。布政司，哪來的？誰給你送來的？那就是府、州、縣吧，可能是縣裡的，那好，我查到府、州、縣。那府、州、縣哪裡來的。肯定是老百姓送上來的。老百姓是從哪兒上來的賄賂，就一查到底，就要求這些官員如實退賠。可是，上有政策，下有對策，怎麼對策呢？官員有辦法，你讓我退賠，我裝到口袋裡的東西能往出倒嗎？他下發通知，要求老百姓各家各戶攤派，包賠。朱元璋對此是大為不滿，因此下決心嚴厲懲處各級官員和牽連到這個案件當中的富民。

按照《明史》上說，自六部左右侍郎以下，贓七百萬，詞連直、省諸官吏，繫死者數萬人。好幾萬人在這個案子當中都被關進監獄致死，這就是有名的「郭桓案」。當時這樣大規模的懲處，好幾萬的官員隊伍和人員都被處死，驚天動地的事啊。有的人說，說皇帝你是玉石不分，這裡頭肯定是冤枉好人了。朱元璋給自己找了個下台階，說我本來讓他們懲治違法亂紀的人，為什麼他們搞擴大化呢？他於是就把治郭桓獄的御使給處死了，說以後，再懲治官員，懲治貪官污吏，你們不許搞擴大化，要記住我的話，這樣就兩邊擺平。

「郭桓案」雖然有擴大化的傾向，但是他所針對的是貪官污吏，他所針對的是勾結貪官污吏害民的那些富民，對普通老百姓是有好處的。

上述這個案子可以看出，朱元璋懲治貪官污吏決不手軟，所以當時弄得這些人，官員隊伍，官僚隊伍，人人是惴惴不安，經常是早晨去上班要跟家裡告別，說今天走了不一定回得來回不來。回到家裡來，就對老婆說一句：「哎喲，今天又過了一天，明兒再說吧。」能把貪官污吏懲治到這樣膽戰心驚，足以說明吏治自然能夠好轉起來。

在回顧考察朱元璋的重典治國的時候，有兩個問題應該考慮，一個，就是他的重典治國的對象，不是百姓，而是貪官污吏。第二個，他的重典治國，他的法律制度，也非常體現儒家的倫理道德觀念。

《明史‧循吏傳》，說「一時守令畏法，潔己愛民，以當上旨，吏治煥然丕變矣。」說什麼呢？就是在洪武這個時期，守令，就是地方官，官員們都害怕法律的懲治，要貫徹朱元璋的意圖，以當上旨，吏治煥然丕變矣，吏治換了一個面貌，官僚隊伍的面目一新。在《循吏傳》上所記載的，明朝二百年的廉吏，就是清官，洪武時期佔了三分之二。重典治國，它起到了一個很大的作用，就是使當時的官員隊伍，當時的吏治得到了澄清。

朱元璋實行重典治國，他一嚴懲貪官污吏，第二實行集權，它的結果是什麼呢？歸納幾條，第一，他建立了綱紀，整頓了官僚隊伍，實現了政令通達，建設了一個有效率的政府。第二，他改變了元朝以來的混亂秩序，使老百姓得到了休息，使明初的經濟得到了恢復和重大的發展。第三，他留下了一套專制制度，這個制度幫助朱家皇朝維持了近300年的統治。

破解朱元璋死亡和下葬之謎

有關朱元璋的死亡時間，有各種說法，一是洪武三十一年（1398年）閏五月初九，一說是閏五月初五，一說是閏五月十七等。為什麼會有這麼多種說法，表面的原因是史書上記載多模糊，如《明史·惠帝本紀》：「恭閔惠皇帝諱允炆，太祖孫，懿文太子第二子也。……三十一年閏五月太祖崩。」只是說明朱元璋閏五月死的，而哪一天沒有說。

但對於下葬時間倒說得很具體，「（朱允炆）辛卯即皇帝位，大赦天下，以明年為建文元年。是日，葬高皇帝於孝陵，詔行三年喪。」

「辛卯」現在可以確定了，就是洪武三十一年閏五月十六。

從這裡推算，朱元璋下葬是他死後的第七天，那麼死時間就是當年的閏五月初九。對於朱元璋到底是哪天死的，按說這是很清楚的事情，為什麼史書上要寫得模糊？這與朱允炆給朱元璋選擇下葬時間不當，「嫌其太速，事理有不盡然者」，為掩人耳目，故意混淆是非。

確實，如果根據《明皇大政記》等史書的記載，堂堂一位開國之君，死後幾天即下葬了，那麼多分封在外地的王子都沒有趕回來啊！這正常嗎？

所以，朱棣在聽說侄兒把他老子匆匆埋了後，十分惱火。談遷的《國榷》記載，「燕王入臨，將至淮安」，以為父親奔喪為

名，要找朱允炆討說法，這為以後篡位找到了第一理由。《明皇大政記》記載：「故燕王移檄，亦有此句，且指以為罪。則葬之的據甚明。」

而正是考慮下葬時間上有讓人說出話的地方，朱允炆到底是哪一天把祖父葬了的說法很多，明人朱國楨在《皇明大政記》稱，「高皇帝之葬，《吾學編》《明書》：『辛卯皇太孫即位。是日，葬孝陵。而他書多不敢及，疑之也。於是有六月初一之說。』」「夫即位，必先告幾筵，以明授受繼體之正。建文即位，實在三十一年閏五月十六辛卯日，去高皇崩僅七日，即於是日完葬事。」

《明史．太祖本紀》稱五月「辛卯葬孝陵」，而《通紀》及《建文朝野類編》都記載是「六月甲辰」，也就是閏五月二十九。

又有說，不是死後七天下葬的，而是七個月後，如徐乾學《讀禮通考》稱，「乾學謹案，明代諸載紀，皆言大祖崩七日而葬。惟吳樸《龍飛紀略》逾七月而葬。」這種說法的理由是，朱允炆是很講禮制的皇帝，不應那麼快就把祖父給葬了。

現在史學界大多認為，朱允炆確實是「速葬」了朱元璋。那朱允炆為什麼敢冒天下之大不韙？有史書上稱，這是朱元璋自己選擇的時間，「故即位而葬，同曰並舉，皆高皇遺命，正以速葬消諸。」而祕史更稱，朱允炆實際上在即位的前一天，即閏五月十五日把朱元璋給下葬了。這是「領命於地下」。這裡說明朱元璋擔心自己死後出亂子，留下遺言要朱允炆從速辦自己喪事的。

朱允炆為什麼要這樣，除了「遵旨」，還有原因嗎？急於即位嗎？《皇明大政記》稱：「並初虞致祭，不啻數壇，尚稱皇太孫。寧有大葬無嗣皇帝主祭之理？」

這裡說得很明瞭，也有道理，就是朱元璋剛死時，為他辦事的朱允炆身分還是皇孫，這與禮制不符，老皇帝死了，怎麼能沒有新皇帝繼位？國不可一日無君啊。

而從天氣的角度考慮，速葬朱元璋也不無道理。南京素有「火爐」之稱，閏五月時已是夏天了，很熱了。不早早埋了，還想發臭？

朱元璋到底是哪天死的哪天葬的，下葬前到底發生了什麼，根據上面的文字和相關史料可以歸結如下，大概是朱允炆在朱元璋一閉眼，就想著即位的事情，而為了不讓朱棣諸王回京（南京）找事，壞了自己的皇帝大夢，把朱元璋從速埋了，從速上位，並給各王發遺詔，不得回京奔喪，等等。

那決定下葬後又發生了什麼？這同樣是一個謎團。

在南京民間，連小孩子都知道這樣的傳說，朱元璋下葬那天出現了「迷魂陣」，就是南京的十三個城門同時出殯。此說法史書有記載，朱國楨的《皇明大政記》稱，朱元璋下葬那天「而發引，各門下葬。」

為什麼要這樣？在民間，有錢的大戶人家，為了干擾視聽，防止有人盜墓，有意隱藏先人埋葬地點，而一個皇帝如此這般，實在令人不解。

在元朝，帝王無陵寢，搞搞迷魂陣倒是很合乎情理，既然朱元璋生前都為自己的歸宿找好了地方，選擇紫金山陽的地塊築陵，誰不知道他葬在哪裡？有必要擺迷魂陣，大造假象嗎？

原來，在葬後不久即傳出，朱元璋不是葬在孝陵，而獨葬朝天宮，就是今天南京王府大街向南千米右手旁邊的朝天宮，具體地點是「世傳三清殿下為明祖真葬處」。

在前人的文字中同樣可以找出這方面的記載，清代浙東學派

第一篇 細說明朝皇帝的那些懸疑事

代表人物全祖望的《從朝天宮謁孝陵》稱，「鍾阜衣冠是與非，朝天弓箭更傳疑。難尋玉匣珠襦地，但見神功聖德碑。開國諒無慚漢祖，嗣孫底是學曹丕。當年可笑山陵使，亂命何人為弭違（自注云：世傳高皇帝龍蛻在是宮，不在陵也）。」

這裡說得很清楚了，明孝陵僅是朱元璋的衣冠冢，而真正陰間「睡覺」的地方在「宮」（朝天宮）。

民間還有一個說法，來驗明這個觀點。據說當年孝陵內每到夜裡就傳出一個婦人的哭聲，原來這是馬皇后的哭聲，後來大搞法事才沒有了哭聲。馬皇后為什麼要哭？說是一人空守一座孤墳，悲傷所致啊，「後來孝陵傳夜哭，應緣馬后悲孤獨」，即是這個說法。

朝天宮，宋代時為天慶觀，元代叫元妙觀、永壽宮，朱元璋定都南京後，改為朝天宮，那時「百僚朝賀習儀於此」。葬在朝天宮這種說法，倒是給朱允炆「速葬」朱元璋、大擺迷魂陣、十三城門出殯找到了合理的解釋和可能性，朝天宮在城裡，速葬起來很方便的；如果葬在孝陵內，就沒有必要搞假象。但後世好多學者都不信。

清代文人甘熙就不認可，其所著的《白下瑣言》稱，朱元璋花了幾百萬的銀子，造了十幾年（洪武九年即1376年，朱元璋決定在此建造自己的陵寢），總不應該為馬皇后一個人造的吧。而且，朱允炆是很講孝道的一個仁義皇帝，也不忍心把朱元璋葬在陵外的地方啊。

後來又傳出，朱元璋不是葬在孝陵、也非朝天宮，離開了南京城，選葬在北京的萬歲山。清人趙執信《萬歲殿》稱：「明祖手持一杯酒，布衣劉季真吾友（太祖祭歷代帝王廟，惟漢高祖前加酒一杯，理由是只有劉邦和他一樣，是從個平民老百姓當上皇

帝的,即「惟公與我起布衣而有天下」一說)……煤山萬壽聳崢嶸,猶是因依萬歲名。」

後經考證,這是以訛傳訛,不可信。甘熙即說:「萬歲山在燕京,其時方以會葬不從,興師靖難,焉有奉移梓宮不遠數千里而往之事?」如果真是這樣,朱棣造反第一理由又從哪來?

但朱元璋到底是否真的葬在孝陵內,現在並沒有學者能說「一定」二字。在明孝陵「申遺」之前,中山陵園管理局曾專門請南京大學等相關的技術、史學專家,經數年科學探測、考古,證明明孝陵地宮未曾被盜,完好無損。

1998年開始,江蘇省地震局地震工程研究院的專家在寶城內,採用無損磁測法(GPM技術),已經明確發現在寶頂地下深處有一個面積達數千平方米的建築空間,而且還找到了進入這個空間長達百米的通道(墓道)走向和入口,無疑寶頂下存在的這個巨大建築空間只能是明孝陵的地宮,而地宮的入口就在明樓東側十幾米處現呈下沈錯位、有裂口的寶城城牆下面。

但這並不能證明朱元璋的屍骨就在地宮中,真相恐怕只有等到開挖明孝陵的哪一天才能最終揭開!但這個日子恐怕如開挖始皇陵一樣,目前還不可能,很遙遠,這也就是說,朱元璋到底葬在哪兒,在相當長的時間內,仍將是一個謎!

明成祖朱棣

血火走出盛世君

　　明成祖朱棣，是明朝的第三個皇帝，也開國皇帝朱元璋的第四個兒子。朱棣在打敗了侄兒建文帝朱允炆後奪取帝位。朱棣在位22年，在親征漠北返師途中病死，終年65歲，葬於北京昌平天壽山下的長陵（在今北京十三陵）。

　　朱棣生於元順帝至正二十年（1360年）。據說，朱棣「相貌雄偉，目重瞳子，龍行虎步，聲若洪鐘」。明太祖洪武三年（1370年），朱棣被封為燕王，明太祖洪武十三年（1380年）就藩北平（今北京），成為威震一方的親王。17歲時迎娶徐達長女為王妃，21歲帶著金冊金寶就藩北平。朱棣在40歲以「靖難」名義興兵，四年後從他的侄兒建文帝朱允炆手中，奪得了大明江山。

　　朱棣自馬上得天下，在血與火中建立起永樂政權，其一生起於兵，最後又死於行軍途中，因此可謂馬上天子，並由此樹立赫赫威名。朱棣的性格頗像其父朱元璋，同時也是繼朱元璋之後又一位雄才偉略的皇帝。朱棣是歷史上爭議頗大的一位帝王，他立有不世之功，創造了明初盛世，但他好大喜功，多疑好殺，手上沾滿了鮮血。朱棣坐上皇帝寶座的時間是22年，年號為「永樂」，謚號為「文皇帝」，故又稱「文皇」，廟號為「太宗」，明世宗時改「太宗」為「成祖」。

朱棣的生母是誰

明成祖朱棣出生時正是元末群雄並起、互相征伐的戰亂時期。但直至元順帝至正二十七年（1367年）舊曆年底，朱棣7週歲時，朱元璋才為其正式取名為朱棣。朱棣不僅名字起得晚，而且其生母是誰，居然也是個謎，這在常人看來似乎不可思議，但這個謎確實存在，數百年來一直撲朔迷離。

朱棣自稱是馬皇后所生，自然也就是所謂嫡子了。但自永樂年間以來，各種官方史書和野史上都對成祖朱棣的生母問題有所記載和猜測。

20世紀以來，李晉華、傅斯年、朱希祖、吳晗等一批知名學者都對這個問題進行了翔實的研究，就連陳寅恪這樣的學術大家也對這個問題懷有興趣，並給傅斯年提供相關史料。但據歷代學者考證，朱棣的生母應該不是馬皇后。到底生母是誰，也說法不一：有的說朱棣與周王朱楠是馬皇后所生，而太子及秦王、晉王等都是庶出。有的說朱棣是達妃所生，太子與秦王、晉王則是馬皇后所生。有的則說朱棣的生母是碩妃。此外，還有其他一些說法。

明成祖朱棣自稱自己是孝慈高皇后（即馬皇后）所生。馬皇后，鳳陽宿縣（今安徽宿縣）人，濠州紅巾軍郭子興養女。元順帝至正十二年（1352年），郭子興將其許配給部將朱元璋。當年朱元璋受到了郭子興的猜忌，馬氏多次從中調解周旋。明朝建立

後，朱元璋冊封馬氏為皇后，對她十分信賴，多次聽從她的意見寬免大臣過錯。因此，有人將她與歷史上的賢后——唐代長孫皇后相提並論。

《太祖實錄》和《太宗實錄》都說朱棣為馬皇后所生，後來的史籍如《明史》等正史多因循這種說法。

但是除朱棣外，馬皇后親生皇子還有誰，又有著不同的解釋。一種說法認為馬皇后生懿文太子、秦王、晉王、燕王、周王。朱棣在奪取皇位後，馬上讓人編了一部叫《奉天靖難記》的書，為自己篡奪皇位辯解。

該書開卷就標榜自己是馬皇后的嫡子：「今上皇帝（指成祖朱棣），太祖高皇帝第四子。母孝慈高皇后生五子：長懿文太子，次秦王，次晉王，次今上皇帝，次周王也。」

還有一種說法認為馬皇后只親生燕王，周王、懿文太子、秦王、晉王都不是馬皇后親生。其實仔細推敲起來就會發現，《太祖實錄》為成祖朱棣所修（成祖為了抹殺自己即位前的真實事實，曾兩次改修《太祖實錄》，刪減篡改之處甚多），《太宗實錄》為宣宗所修，其中自然也有粉飾的成分，當然宣稱朱棣為馬皇后的嫡子。

社會上更加流行的卻是另外一種說法，即成祖生母是蒙古人洪吉喇氏。洪吉喇氏是元順帝的第三福晉，是太師洪吉喇·特托克托的女兒。元順帝敗走蒙古，朱元璋入大都（今北京）後見洪吉喇氏貌美，就留在身邊。然而，洪吉喇氏入明宮時就已經懷孕，所生的就是明成祖朱棣。所以，朱棣即元順帝的遺腹子。

其實這只是民間的傳說而已，徐達攻陷大都是元順帝至正二十八年（1368年），而朱棣生於元順帝至正二十年（1360年），兩者相差達8年之久。這種情況可能由於朱元璋刑罰過嚴、朱棣

殺戮過重,從而導致民情激憤,因而編造謠言以發洩胸中的不滿情緒,以至於以訛傳訛。

還有其他一些說法,比如說成祖是達妃所生,或元主妃不是洪吉喇氏而是翁氏,等等,但都影響不大。實際上,朱棣的生母爭論的焦點是成祖到底是嫡出還是庶出,以上看法都可以歸納到這個問題上來。朱棣非馬皇后親生而生母為妃的說法,經過明史專家李晉華、吳晗等人的精細考證,已為大多數學者所接受。

朱棣為何一再強調自己是嫡出呢?這是因為明朝的皇位繼承制為嫡長子繼承制,只有嫡子繼承皇位才是深得人心的,否則會危及皇權的穩定。

特別是朱棣通過「靖難之役」,將建文帝趕下台後取而代之,更恐難以服眾。朱棣擔心後人說他篡權,所以才千方百計強調自己嫡出的身分。這種此地無銀三百兩的伎倆,是不足為怪的。

朱棣為何遷都北京

朱棣通過「靖難之役」，登上了皇位。登基不久，他就考慮把都城遷到北京。大明王朝定都南京已經三十多年了，是什麼原因使得朱棣不願繼續待在南京呢？

也有種說法認為，大明王朝建立之後，整個國家主要的軍事矛頭是指向北方的蒙元勢力，南京的位置過於偏東偏南了，不利於明朝對付北方的蒙古人。另外在南京定都的幾個王朝，大部分都是短命王朝。還有一種推測說朱棣遷都還有一個輔助性的心理原因，就是他在南京登基稱帝之後，曾經大批地屠殺了建文遺臣，好多屠殺直接是在南京皇宮之內進行的，永樂皇帝感覺這不是一個吉利的事情。

遷都北京是一個浩大的系統工程，促使朱棣遷都的原因也一定是多方面的。但這一舉措會得到群臣的理解和支持嗎？

據說在永樂十九年，遷都北京幾個月之後，一場大火把北京新建成的三大殿燒毀了。古人很迷信，皇權神授，上天降了一場大火，顯然是對執政提出了批評，在這種情況下朱棣下

朱棣

詔書請大家提意見，表明要改正錯誤，來挽回天心。群臣提出的意見裡，最嚴重的一條就是祖宗把首都定在南京了，朱棣遷都得罪了祖宗。朱棣對於其他意見都能採納，唯獨對這一點勃然大怒，他說「北平之遷，我與大臣密計，數月後而行，彼書生之見，烏足達英雄之略哉！」

面對北邊蒙古勢力的侵擾，明成祖朱棣曾經五次親征漠北。從中我們可以看出蒙古對於明朝時伏時叛的關係，也可看出朱棣身上有一種尚武不服輸的勁頭。

朱棣可以說是一個天生的軍人，他一走上戰場就像一個演員上了舞台一樣，馬上就精神百倍。他最後也是死在北伐回來的途中。永樂四年，朱棣下詔，宣布次年營建北京。他集中了全國的匠師，徵調了二、三十萬民工和軍工進行建設，歷經14年之久，於1420年建成了一組規模宏大的宮殿組群。它就是北京的紫禁城，今日的故宮。

而南京故宮始建於1366年，歷時一年建成，曾經作為明初洪武、建文、永樂三代皇宮，長達54年之久，也是堪稱壯麗巍峨、盛極一時。在朱棣遷都北京之後，南京的這座皇宮經歷多次浩劫，每一次戰爭之後緊接著是火焚，最終被毀。

中國歷代帝王對陵址的選擇都極為重視。所謂「事死如事生」，人生不過百年，為自己的靈魂尋找一個安樂的居所是非常重要的事。朱棣在營建北京都城的同時，最後把皇家陵寢的陵址也定在了北京昌平。

朱棣為何活剮三千宮女

朱棣於1402年奪了親侄子的皇位,導致了幾十萬人的戰死沙場;建文帝宮中的宮人、女官、太監被殺戮幾盡;他一次性枉殺14000多人。他還將忠於建文帝的舊臣如方孝孺等人全部殺死,僅方孝孺一家,滅「十族」就殺掉873人!對於建文忠臣的妻女,朱棣竟把她們送進妓院、軍營,讓人輪姦。有被摧殘至死的,朱棣就下聖諭將屍體餵狗吃了。

據《明史》記載,景清不但被滅族,而且「轉相攀染」,到處牽連,所謂瓜蔓抄,結果整個村莊成了廢墟。

有許多「罪臣」妻女被進入教坊,用今天的話來說,就是送到妓院。教坊就是國營的妓院,可不是人待的地方。《教坊錄》有這樣的記錄:永樂十一年正月十一,本司右韶舞鄧誠等,於右順門裡口奏:「有奸惡齊泰的姐,並兩個外甥媳婦,又有黃子澄四個婦人,每一日一夜,二十條漢子守著,幼小的都懷身,節除夜生了個小龜子。又有三歲的女兒,奉欽依由他,小的長到大,便是搖錢的樹兒。又奏黃子澄的妻,生一個小廝,如今十歲也。又有史家,有鐵鉉家個小妮子,奉欽依都由她。」

「二十條漢子守著」,是輪姦的意思,這種懲罰駭人聽聞,姦後生了孩子,還得繼續受罪。

鄧之城《骨董瑣記》曾引《南京法司記》上一段文字:「永樂二年十二月,教坊司題卓敬女楊奴、牛景妻劉氏,合無照依謝

升妻韓氏例,送淇國公轉營姦宿。」所謂轉營姦宿,就是送到淇國公部屬各個營地,讓士兵們輪姦。

明成祖的大老婆徐皇后,於永樂五年(1407年)病死。徐氏死後,朱棣一直未立皇后。後宮有一位權賢妃,是從朝鮮選來的美女,美艷殊麗,能歌善舞,且善吹簫,聰慧過人,最受朱棣寵愛。不料永樂八年(1410年),權氏隨朱棣率兵北征,死於歸途。朱棣正為失去寵妃而悲傷之際,有宮女揭發說權氏是被呂妃串通太監和銀匠用砒霜毒死的。

朱棣大怒,也不細查,即下令將被告下毒的太監、銀匠處死,對呂氏則採用酷刑,用烙鐵直烙了一個月才死。受呂氏牽連而被殺者達數百人。揭發呂氏毒死權妃的人也姓呂,是一位朝鮮商賈的女兒,史書稱其為「賈呂」。

永樂十八年(1420年),朱棣準備立為皇后的寵妃王氏暴死,而恰於此時,皇宮內又有人告發賈呂、魚氏與宦者「通姦」(宮女和宦者結為夫妻一樣的伴侶,實際上沒有實質上的性行為,僅僅是相互慰悅、相互照顧而已,宮內稱為「菜戶」或「對食」)。

明朝後期的皇帝對此類事,往往採取聽之任之的態度。明熹宗甚至還親自將宦官與宮女結為對食的。朱棣卻勃然大怒。賈呂、魚氏懼禍,上吊自殺。朱棣並不罷休,又興株連之法,拘捕與賈呂親近的宮婢,親自審訊,看賈呂等人是否還有其他陰謀。宮婢受了酷刑,竟誣服稱後宮有人要謀害皇帝。

這一口供,激起朱棣嗜殺本性。於是,接連有更多的人被抓,更多人的屈打成招。百連千扯,自承「謀逆」的宮婢侍女,竟然達近三千人之多。

朱棣下令將這些從全國選來的美麗的宮女全部處以剮刑。所

謂「剮刑」，即是凌遲處死。此刑主要用來處死「謀大逆」、「謀反」等政治犯。

行刑時朱棣親臨刑場監刑，經常還親自操刀，殘殺宮女。一位河北籍宮女受刑時斥罵朱棣：「你年老陽衰，我們宮人與宦者相悅，又有何罪！」

朱棣更加惱怒，令畫工畫了一張賈呂與宦官相擁圖，遍示內宮，羞辱無辜的宮女之餘，亦不啻自我羞辱。

《李朝實錄》記載，朱棣大肆屠殺宮女之際，適有宮殿被雷電擊毀，宮女們暗喜，以為朱棣會因害怕上天懲罰而停止屠殺，但朱棣「不以為戒，恣行誅戮，無異平日。」

公元1424年，朱棣第五次出兵大漠，死於北征回師途中的榆木川（今內蒙古烏珠穆沁）。大內以30餘宮女生殉朱棣。她們吃完飯以後，被帶上殿堂，哭聲震殿閣。殿堂內置有小木床，使宮女立在床上，梁上結有繩套，把她們的頭放在圈套中，然後撤掉小床，使她們吊死。

「永樂大帝」無改一生嗜殺氣度，死了也要禍害別人。

明仁宗朱高熾

懸疑即位早逝去

　　明仁宗朱高熾是明朝歷史上的第四位皇帝，是明成祖朱棣的嫡長子，他出生於洪武十一年（1378年），逝世於洪熙元年（1425年）。

　　明成祖永樂二年（1404年）被冊立為皇太子，永樂二十二年（1424年）登極，次年改年號為洪熙，史稱洪熙皇帝。

　　明仁宗朱高熾的皇帝生涯恐怕是明朝所有帝王中最窩囊的。父皇健在時不受父皇喜愛，又受弟弟漢王朱高煦、趙王朱高燧擠兌，繼承權幾乎不保。好不容易熬到47歲的他終於繼承皇位了，卻不到一年便逝世而去。

　　朱高熾執政不到一年，而做太子卻有20年的歷史。因而，朱高熾的很多事蹟都被歷史湮沒了，以至於很少有人把他和他那鐵血雄主的父親朱棣聯繫起來。

　　事實上，正是由於朱高熾的仁政治國，才為明朝的後世之君守成豐業準備了條件。因此，可以說朱高熾是位承上啟下的皇帝。

朱高熾登基有玄機

明成祖和太子朱高熾之間矛盾重重,朱棣不斷地找太子的岔子,還殘殺東宮官員,而朱高熾是逆來順受,被動應付。父子矛盾最終是否導致了成祖想更換太子,而高熾一系官員是否更換了成祖的遺詔,這些都成了無人知曉的歷史謎案。

明朝永樂二十二年(1424年)七月,武功赫赫的明成祖朱棣駕崩於親征漠北的返京途中,時年65歲。八月,太子朱高熾即位,是為仁宗。關於仁宗即位的內容,《明史》記:「遺詔傳位皇太子。」「八月甲辰,遺詔至,遣皇太孫迎衰開平。」丁巳,即皇帝位,大赦天下,以明年為洪熙元年。從表面上看,仁宗的即位是十分平穩有序的,根本不見圍繞著皇位是否有過爭鬥。

朱高熾是朱棣的長子,洪武二十八年(1395年)立為世子。成祖發動靖難之役,他留守北平。建文元年(1399年)十月,以萬人拒官軍50萬,北京城賴以全。明成祖奪得皇位,朱高熾為他穩定後方立下了重要功績。

明成祖即位後,立嗣建儲使朱棣很費腦筋。根據明初規定,「立嗣以嫡不以長,立嫡以長不以賢」,成祖仁孝徐皇后共生三子,長子朱高熾理所應當即皇太子位。不過朱棣並不想讓朱高熾成為儲君,理由是他並不喜歡朱高熾寬厚溫敦的性格。朱棣自己的皇位本是搶來的,他當然知道自己父親朱元璋因為確定了嫡長子、長孫繼位的原則,選擇了優柔寡斷的建文帝作為繼承人,結

果連皇位都保不住。現在輪到他自己選擇儲君,他怎麼會選一個與建文帝相同性格的朱高熾?朱高熾體態肥胖,不能騎射,成祖真是恨鐵不成鋼。

成祖在三個兒子中最喜歡的是二兒子朱高煦,因為他的性格與成祖十分相像。就私心而言,他又鍾愛於小兒子朱高燧。但朱高煦屢立戰功,多次救成祖於危難之中,成祖曾許諾奪得皇位後立他為太子。他性格十分機智,周圍聚集著一人批在靖難之役中立了大功的大臣,這些武臣很想讓他做太子,因而一再在成祖前講他的好話。

不過,成祖以前怎樣的許諾和偏心,大多數文臣士大夫是不能理解接受的,他們認為「立嫡以長」的規矩是不能破壞的。

永樂元年九月,群臣不斷上表請立世子朱高熾為皇太子,分封到各地的成祖幾個兄弟也不斷上疏,但成祖以「長子智識未廣,德業未進」來搪塞,不想馬上表態。不過各方大臣並不就此為止,還是不斷上奏,成祖迫於輿論壓力只能在第二年二月以朱高熾為太子,四月封高煦為漢王,高燧為趙王。

太子雖立,但成祖並不喜歡這個太子。凡是這時起勁地主張立太子的人,事後都受到了成祖的嚴厲懲罰。如解縉當初說「皇長子仁孝,天下歸心」,後來被成祖說成是「私謁太子,無人臣禮」關了起來,之後又被錦衣衛活埋於雪中凍死。

都督陳銘、工部左侍郎陳壽、刑部侍郎思溫、北京行部左侍郎馬京等都因為與太子的關係被立個什麼罪名,關進監獄被折磨致死。大理寺右丞耿通因替太子講了幾句話,成祖說他是「壞祖法,離間我父子,不可恕,其置之極刑。」其他如夏原吉、楊士奇、楊溥等人,都曾因太子的事情而進過監獄。重臣中能夠平安無事的,要麼黨附漢、趙二王,要麼對立太子之事保持緘默而不

講一句話。

不過實事求是地說,朱棣不喜歡的是朱高熾成為皇位繼承人,而不是不喜歡作為兒子的朱高熾。他為了身後朱氏皇權的穩固,才不願傳位給性柔懦弱的長子。

事實上,太子所做的許多事反映出了這種性格弱點,明成祖對此是十分惱火的。如永樂九年北征蒙古剛回到南京,他就到右順門覽百司的奏牘,發現太子御案上的鎮紙金獅被隨意擱置於案側,幾乎要墜落至地,成祖教訓太子說:「天下雖安,不可忘危,故小事必謹,小不謹而積之,將至大患。小過必改,小不改而積之,將至大壞,皆置危之道也。」

簡直到了小題大做的地步。永樂十二年,成祖北征回國,太子遣人迎接車駕慢了一點,「且奏書失辭」,成祖逮治了大批東宮官屬,這實際上是在給太子一個警告。朱棣對太子很有意見,他多次讓大臣私底下監視太子,「密令審查太子事」。

根據上述內容,有人認為從當時的實際情形來看,明成祖最後有可能是想廢儲的。在最後一次親征漠北時,還未達到軍事目的,他大約預感到在世之日不多了,就決定要班師。

七月十四,他問內侍海濤,到北京還要幾日。他曾經五次親征,對出塞的來程去途早已熟悉,而問回京的時間無非是反映了他返京的焦急心情。晚年他身上的疾病已經發作,可能他預感到不祥之事將要發生,所以急欲趕回京去處理皇位繼承的大事。

《明太宗實錄》記載,成祖在返京途中,曾對楊榮、金幼孜說:「東宮歷涉年久,政務已熟,還京後軍事悉付之,朕惟優遊暮年,享安和之福。」既然成祖如此相信太子,那麼讓太子即位就可以了,他也不應有什麼身後之憂而急於趕回京城了。即使有什麼事要交代,寫個遺詔就可以了,而問題是成祖死前並未立過

遺詔，因為如果他中途立遺詔，必會被身邊心向著太子的大臣篡改。有學者認為，《明太宗實錄》中抹殺了成祖與太子之間幾乎已不可調和的矛盾。

《仁宗實錄》記述了明成祖剛死時的情形：成祖剛崩，中官馬雲等皆「蒼黃莫知所措」，於是就祕密召楊榮、金幼孜入御幕，討論喪事。有人想用成祖的口氣寫成敕，遣人馳報。楊榮說：「皇帝在位稱敕，如果死了還稱敕一看就知是假的。」乃命「中官備以大行皇帝崩逝月日並遺命傳位之意啟皇太子」。

對這段話進行分析，發現成祖死時僅太監數人在身旁，臨死前未留下任何遺言。其次，如果有遺言留下可能對皇太子是不利的，所以太監們不惜冒亂命的風險，委託成祖手筆寫敕安排太子即位。

仁宗拿到遺詔時最初以為朱棣原諒了他，留下遺言使他順利即位，但當太監講給他聽事情的經過，他百感交集，感激地加賜楊榮為工部尚書，並兼前官，享食三俸。

以上所述觀點認為仁宗的即位究其實帶有一定偶然性，成祖是違心立朱高熾為太子的，他一直有廢儲之念，在臨終前決心改換皇位繼承人，但因中途崩，未能如願。由於太監及楊榮等偽造了遺詔，結果是違反成祖意願，使仁宗順利即位了。

但是也有一些人對仁宗的即位過程有不同看法。這種觀點也同意明成祖偏愛高煦和高燧，但永樂十四年高煦因事差一點被廢為庶人，永樂十八年大臣孟賢等曾想毒死成祖擁高燧為帝，高燧儘管沒有被殺頭但失去了成祖的信任。

成祖死前，朱高熾的兩個競爭對手已經無力再與他相爭，因而用改換儲君來解釋成祖臨死前急忙趕回京是欠妥的。認為自朱高熾立為太子，成祖每次離京朝中政務都是由太子來處理。成祖

晚年重病纏身，長期不能臨朝理政，朱高熾成了事實上的統治者。

從整個永樂時期來看，朱棣與朱高熾兩人的地位和作用不同，充當的角色也不同，軍政重務的決策大權由朱棣掌握，朱高熾只負責日常政務，因此朱棣是主角，而朱高熾是配角。

正因為高熾多次受命監國，手中握有很大一部分實權，周圍又有一批實權人物的輔佐，使性格多疑、權欲極強的朱棣產生了一種失落感和危機感，便對高熾採取限制和防範的措施，有意聽信和縱容高煦等人的誣陷，不斷尋釁關押和誅殺太子的東宮官屬，以打擊和削弱太子的政治勢力，鞏固和維持自己的專制統治。

這樣來看，明成祖和朱高熾之間的矛盾不涉及儲君位置問題，而僅是皇帝和東宮之間的矛盾。成祖死，朱高熾在楊榮等人的配合下，從容應變。接到楊榮的消息，他一面安排正常的悼念活動，一面密召北征大將軍率數千騎兵回防京師，迅速控制了局勢，保證了皇位的順利交接。

明仁宗朱高熾從立為太子到正式即位，的確有很多事情十分奇怪。太子和父皇之間的複雜關係，使他的即位充滿了懸念。這些矛盾的實質究竟是怎樣的，應該說我們今天還不能完全搞得清楚。

朱高熾暴死之謎

明仁宗洪熙元年（1425年）五月，仁宗朱高熾暴卒，享年48歲，葬於獻陵。從登基到去世，朱高熾在位時間不足十個月。去世前三天，朱高熾還在日理萬機地處理朝政，而從身體不適到「崩於欽安殿」，前後僅兩天時間，故明人黃景昉稱他「實無疾驟崩」。

壯年天子，登基未足一年，「無疾驟崩」，其中必有緣由。但《明仁宗實錄》、《明史·仁宗本紀》等，都隻字不提其死因。究竟朱高熾因何暴卒，已成歷史之謎，多年來人們對此有兩種不同的看法：

一種觀點認為，朱高熾死於嗜欲過度。朱高熾之貪欲好色人所共知，大臣李時勉在朱高熾即位不久就曾上一奏疏，其中有勸朱高熾謹嗜欲之語。朱高熾覽奏後，怒不可遏，當即令武士對李時勉動刑，李時勉險些喪命。直至生命垂危之際，朱高熾仍難忘此恨，說「時勉廷辱我。」

由此可見，朱高熾確實縱慾無度，李時勉奏疏觸及其痛處，否則不會如此耿耿於懷。

繼朱高熾即位的宣宗朱瞻基，曾御審李時勉：「爾小臣敢觸先帝！疏何語，趣言之。」

李時勉叩首答曰：「臣言諒陰中不宜近妃嬪，皇太子不宜遠左右。」

朱瞻基嘆息，稱李時勉「忠」，復其官職。

可見，朱瞻基對仁宗朱高熾嗜欲之事也一清二楚。

朱高熾因縱慾過度而得不治之症，在明人陸武《病逸漫記》中有記述：「仁宗皇帝駕崩甚速，疑為雷震，又疑宮人欲毒張后，誤中上。予嘗遇雷太監，質之，雲皆不然，蓋陰症也。」

「陰症」之說出自朱高熾時一太監之話，應當有一定可信度。限於當時的醫療水平，治療此等「陰症」恐無特效良藥，這使一些奸佞之徒有機可乘。

對此，《明史·羅汝敬傳》中曾有記載：「……先皇帝（仁宗）嗣統未及期月……獻金石之方以致疾也。」

由此看來，導致朱高熾死亡的直接原因，可能是服用治「陰症」的金石之方而中毒不治。

另一種觀點認為，朱高熾是被其長子朱瞻基即繼他之後登位的宣宗害死的。朱高熾生性溫厚懦弱，嗜欲享樂，朱棣生前對他大為不滿，只因禮教和祖訓的關係，才立朱高熾為太子，但朱棣一直有廢朱高熾儲位之心。

但朱高熾的長子朱瞻基與其父相反：善騎射，諳武事，熱中權利，工於計謀。朱棣在世時，朱瞻基深得祖父賞識。朱棣死後，朱高熾即位，雖立朱瞻基為太子，但已察覺他非安分之輩，故屢有勸誡之語。可是，朱瞻基迫不及待地為自己早日登位籌謀，為此不顧親情。

明仁宗洪熙元年（1425年）三月，朱高熾命朱瞻基南行祭陵（鳳陽的皇陵與南京的孝陵）。朱瞻基於四月十四離京，隨侍朱高熾的宦官海濤是朱瞻基的親信，他按預先密謀於五月十三加害朱高熾。朱瞻基離京後，卻沒有按既定日程行進，而是直奔南京。但在離開南京前，南京城中就有傳言仁宗「上賓（皇帝死

了）」。

　　要知道,當時北京還未發喪,亦無如今現代化的傳播工具,可見朱高熾「上賓」是在一些人預料之中的。

　　當時,朱瞻基還說:「……予始至瀘還,非眾所測。」顯示朱瞻基有人們難以想像的重大安排。

　　朱瞻基匆匆北返,在途中等待齎詔而來的海濤,於六月初三抵北京。就有大臣勸誡:「人心洶洶,不可掉以輕心」。朱瞻基答曰:「天下神器非智力所能得,況祖宗有成命,孰敢萌邪心!」

　　顯示一切都在自己的掌握之中,流露出對弒父謀位活動的自信和自得。

　　當然,這兩種看法孰是孰非,誰也沒有確鑿的證據。

明宣宗朱瞻基

盛世天子好促織

　　明宣宗朱瞻基是明朝歷史上第五位皇帝，是明仁宗朱高熾的嫡長子，明成祖永樂九年（1411年），被立為皇太孫，確立了儲君地位。

　　宣宗朱瞻基朝文有「三楊」（楊士奇、楊榮、楊浦）、蹇義、夏原吉；武有英國公張輔，地方上又有于謙、周忱這樣的巡撫，真是人才濟濟。這使得當時政治清明，社會安定，百姓安居樂業，經濟得到空前的發展，出現了繼文景之治、貞觀之治、開元盛世之後的著名的「仁宣之治」的盛世局面，這也是明朝270餘年間的極盛時期。

　　宣德十年（1435年）正月，朱瞻基染上不明之症，病危之時命左右起草遺詔，由太子朱祁鎮繼位，所有軍國大事均須稟告太后方能決定。不久，朱瞻基死於乾德宮。

　　雖然明成祖朱棣曾經預言朱瞻基是個「太平天子」，但他從小就喜歡鬥蟋蟀（促織）。因此，朱瞻基又被稱為「促織天子」「促織皇帝」。儘管朱瞻基在位僅有10年時間，但他卻是明朝歷史上著名的守成之君，他以自己的德政和治道將明朝推向了「仁宣之治」的黃金時期，值得後人追記。

朱瞻基是如何登臨帝王之位的

傳說明宣宗朱瞻基出生那天晚上，他的祖父、當時還是燕王的朱棣曾經做了一個夢，夢見太祖皇帝朱元璋將一個大圭賜給了他。在古代，大圭象徵著權力，朱元璋將大圭賜給兒子朱棣，正說明要將江山送給他。

朱棣醒來以後就得到報告說朱瞻基降生了。朱棣就覺得夢中的情景正映證在孫子的身上，他馬上跑去看孫子，只見小傢伙長得非常像自己，而且臉上有一團英氣，朱棣看後非常高興，這件事對以後朱棣下決心發動靖難也有一定的作用。

朱棣做了皇帝後就立朱瞻基為皇太孫，並挑選優秀的老師教他。在漠北遠征中，朱棣也帶著朱瞻基以鍛鍊他，還經常帶他到普通農民家了解百姓的艱辛，可謂是精心調教了。朱瞻基的父親朱高熾當時與朱高煦的儲位之爭非常激烈，朱瞻基憑藉著祖父對他的喜愛以及自己的勇氣與睿智，總是能夠幫助父親化險為夷。

明成祖朱棣奪得天下後在南京登基，朱瞻基隨祖母離開北京也來到了南京。祖父朱棣和祖母徐氏非常鍾愛這個皇孫，對其頗為用心。

朱瞻基自幼聰慧，喜好讀書。明成祖永樂五年（1407年）四月，朱瞻基到了出閣讀書的年紀，朱瞻基特命靖難之役的第一功臣姚廣孝為之講習經書。朱棣以自己最為信任的大臣來輔導朱瞻基，可見對他的殷切希望。

朱瞻基也沒有辜負祖父的期望，學習刻苦，加之天資聰穎，過目不忘。朱瞻基還留意古今興衰、歷朝治亂的內容，從中領會治國的道理。明成祖朱棣不但任命姚廣孝教授朱瞻基，而且他自己也用言傳身教來給予他良好的影響，為以後為國君做準備。

　　明成祖永樂七年（1409年），朱棣巡幸北京，令朱瞻基同行。朱棣特意帶領著朱瞻基到田間觀察農作物、農具和耕種的過程，到農民家裡看他們的衣食住行，並寫了一篇《務本訓》給朱瞻基，讓他知道農業是國家根本的道理。

　　明成祖永樂十一年（1413年）端午節，宮中射柳時，朱瞻基再次給祖父臉上增了不少光彩。他不僅屢射屢中，而且當祖父當眾剛剛說了上聯「萬方玉帛風雲會」時，便立即叩頭對道：「一統山河日月明。」

　　朱瞻基既有著祖父朱棣的英武，又具備了父親朱高熾的睿智，難怪朱棣每每對人說：「此他日太平天子也。」一次，謁陵途中，當時身為太子的明仁宗朱高熾因身體肥胖，行走不便，靠著兩名內侍攙扶，還是滑了一跤。

　　漢王朱高煦在旁說道：「前人把滑，後人知警。」話音未落，身後有人應道：「更有後人知警。」說這話的便是皇太孫朱瞻基，漢王朱高煦不由得回顧失色。

　　幼年受到的良好教育，使朱瞻基能吟詩作賦，擅長書法繪畫。登基後經常在春秋時節，與諸儒臣登臨萬壽山，泛舟太液池，良辰美景，賦詩唱和。明宣宗朱瞻基的詩側重於重農、求賢的內容，表達了他勵精圖治、奮發有為的治國理念。

　　明成祖永樂八年（1410年），朱棣親征蒙古，指定尚書夏原吉輔佐朱瞻基留守北京，學習處理日常政務。當時南京是京師，北京稱行在，雖然同樣設有各種官署，但是處於草創階段，情況

還是很混亂。

夏原吉每天早上輔佐朱瞻基處理政事。面對各衙門的龐雜事件，夏原吉總能口答筆書，從容不迫，井井有條，處理好深入漠北的成祖朱棣和遠在南京監國的太子朱高熾交辦的各項事務。有這樣能幹的大臣輔佐朱瞻基，相信朱瞻基一定會從中積累許多處理政務的經驗。

後來，夏原吉又侍從朱瞻基深入鄉野村落，體察百姓疾苦。明成祖朱棣對夏原吉很滿意，在朝堂上指著他和蹇義對朝臣說：這是高皇帝（太祖朱元璋）給我留下的賢臣，要想知道古代賢臣的樣子，眼前的兩個人就是。

此後，朱瞻基多次在夏原吉的侍從下往返於兩京之間，其間經常談論治國方略，從夏原吉那裡獲得了許多經驗。

明成祖永樂十二年（1414年），為了讓朱瞻基接受戰場的歷練，朱棣命他隨自己親征蒙古。朱棣已經讓朱瞻基體察了民間疾苦，學習處理政務，似乎只有再讓皇太孫在戰場上磨礪之後才會讓他日後成為文武兼備的一代聖君。

朱棣並沒有讓朱瞻基荒廢學業，命隨軍大臣在行軍過程中繼續教授他經史。皇太孫朱瞻基有時也跟隨成祖朱棣檢閱部隊，學習戰法。六月，明軍與蒙古鐵騎展開激戰。宦官李謙自恃勇猛，帶著朱瞻基加入戰局。朱棣得知皇太孫朱瞻基身涉險境，急忙派軍將朱瞻基救出戰場。李謙自知犯下大錯，自殺身亡。

正是在祖父朱棣的精心培育下，朱瞻基熟悉了政務，為將來治理國家積累了寶貴的經驗。

如前文所說，朱棣之所以傳位於朱高熾，與其鍾愛皇太孫朱瞻基有很大的關係。朱瞻基機敏過人，多次維護了其父朱高熾的儲位。在朱瞻基的成長過程中，不僅有寵愛與驕縱，同時也有鍛

鍊與拼爭。這一切當然都出自朱棣的安排，他一心想把這個皇太孫培養成同自己一樣追求文治武功的開拓之君。

朱高熾病逝時，朱瞻基正在南京，當日就動身北歸。途中，朱瞻基聽說他的皇叔、漢王朱高煦要在半途截殺他，然後自立為帝。左右都勸朱瞻基整頓兵馬以作防範。朱瞻基說：「君父在上，誰敢如此膽大妄為？」依然輕身出發，日夜兼程趕到北京。

當時朱高煦還真的沒有派人設伏，因為他沒有料到朱瞻基會來得如此之快。回到北京之後，朱瞻基一方面妥善處理了父皇的後事，另一方面加強北京城的戒備，防止有人伺機作亂。然後，朱瞻基從容登基，改年號為宣德，開始了他的帝王生涯。

朱瞻基為何叫停鄭和下西洋

明朝在當時是擁有世界最強大艦隊的帝國，曾以巨大的熱情擁抱海洋，但在鄭和第七次下西洋之後被叫停了，明朝的海外航行逐漸終止，這是為何？明朝何以錯失海洋時代？

梁啟超在為鄭和寫的傳記中，在高度評價鄭和的同時，也提出了這樣的問題：為什麼哥倫布之後有無數的哥倫布出現，而鄭和之後卻再無鄭和？但他沒有指出原因。

從1405年開始，鄭和在29年中先後7次下西洋，之後明朝的海外航行逐漸終止，在鄭和最後一次航行回到國內（1435年）之後80年，葡萄牙人來到了澳門，原來行駛著三保船的海洋已經被歐洲人控制了。鄭和率領的明朝海軍在艦隊規模、航海技術和組織協調水平諸方面都是當時的最高水平。這是史學界公認的事實。但是為什麼鄭和之後再無鄭和？為什麼以巨大的熱情擁抱海洋的國家最後卻退縮起來而錯失了一個新的文明時代？

史學界對於鄭和下西洋的目的存在著爭論，但《明史》的說法最為確切，《明史》上說，派鄭和率領龐大的船隊出洋的原因是「成祖疑惠帝亡海外，欲蹤跡之。且欲耀兵異域，示中國富強」，也就是說，鄭和艦隊肩負著兩項重要使命，一是尋找有可能亡命海外的建文帝的下落，二是向海外展示新朝的富強。

通過連續七次下西洋，上述兩項目的應當說都實現了，通過「耀兵異域」「示中國富強」，明朝統治集團了解到，南洋和西

第一篇 細說明朝皇帝的那些懸疑事

洋對中國的安全不構成威脅，散布在沿海地區的政權紛紛歸依明朝，一個符合儒家觀念的「朝貢體系」重新建立了起來。

那麼，如此成功的舉措為什麼卻在明朝宣德年間鄭和第七次下西洋之後被叫停？兩種有代表性的觀點是：

（一）王賡武先生提出來的。他認為，之所以終止航行是因為鄭和太成功了，「他的海軍滿載榮譽勝利歸來，並確認帝國沒有來自海上的威脅」，因此「鄭和與他的隨從也可以說失去了繼續遠航的意義」（《永樂年間中國的海上世界》，《王賡武自選集》）。由於不再擔心來自海上的威脅，明朝帝國的安全戰略便轉向北方。

（二）中國航海史研究會提出的。他們認為明朝帝國出於財政上的考慮，停止了海上遠航。在明朝帝國內部，從一開始就存在著對遠航的不同意見。這是一項投入很大的事業，據統計，永樂年間，新建和改建約二千艘海船，每隻寶船造價五六千銀兩，船上裝載的各種賞賜物品花費很大。

到了明朝憲宗年間時，又打算下西洋，憲宗皇帝下令索取鄭和下西洋的檔案資料，但是這些材料卻被車駕郎中劉大夏藏匿起來，這位敢於抗上的官員的理由是：「三保下西洋，費錢糧數十萬，軍民死且萬計，縱得奇寶而回，於國家何益！此特一敝政，大臣所當切諫者也。舊案雖存，亦當毀之以拔其根，尚何追究其有無哉！」

這位官員竟敢直指下西洋為「敝政」，可見內部反對之激烈。

對於以上兩種觀點，可以認為是成立的。作為一個新興的王朝，其戰略方向存在著爭論，是完全正常的。我們可以看出，明朝的大戰略存在著一個軌跡，從南北平衡轉向重視北方，明成祖

將首都從南京遷往北京就是明證。成祖時代的下西洋是作為國家戰略被推進的，無論是尋找建文帝還是耀兵異域，都有明確的戰略企圖。隨著蒙古對北方邊境威脅的增大，在有限資源的約束下，放棄花費巨大的海上活動，是戰略理性的體現，不這樣做，反而是難以理解的。

可是，戰略轉變雖然可以解釋為什麼放棄鄭和下西洋活動，但卻不能解釋為什麼完全失去了海洋。既然不存在來自海上的對明朝安全的威脅，戰略重點轉向北方、不再組織國家層面的航行，但仍然可以採取開放海上貿易的政策。而事實是，在停止國家組織的鄭和下西洋活動的同時，海洋也被封閉起來了。

從明朝開國到第七次航行結束，明朝的海洋政策存在著一個十分突出的奇怪現象，一方面是國家花費巨資打造龐大的艦隊，三十年間七下西洋，另一方面則是嚴厲的禁海措施，一再下令「仍禁瀕海民不得私自出海」、「海道可以通外邦，故嘗禁其往來」、「禁瀕海民私通海外諸國」。

對於沿海居民的海外貿易，下令「嚴禁絕之」。明成祖繼位後，一方面大張旗鼓屢下西洋，另一方面卻是下令不許沿海軍民「私自下番，交通外國。」總之，下西洋只是皇家的特權，它對於海洋擁有絕對的權力，百姓斷不可染指。

皇家之外的海上貿易，更不用說海洋探險，有嚴刑峻法等著呢，沿海居民徒喚奈何！所以說，中國失去海洋的原因，主要的並不是戰略重點的轉移、財政限制和有論者所謂的「黃色文明」，而是明朝統治集團對於海上活動的國家壟斷。

對此，我們需要承認，鄭和時代明帝國的海洋壟斷經營政策取得了很大的成就。著名的明史專家吳晗先生對此有過高度的評價。但是，他認為，鄭和之後，明朝由於採取了「放任政策」，

放棄了對海洋的國家經營,「結果在商業方面由國營而恢復到以前的私人經營」,這一政策造成了中國在海洋上的失敗,他說:「八十年後,歐洲人為了找尋香料群島陸續東來。他們不但擁有武力,作有組織的經營,並且有國家的力量做後盾,得步進步,不到幾十年,便使南洋改了一個樣子。……這是中國史上一個大轉變,也是世界史上一個大關鍵。」(《明初的對外政策與鄭和下西洋》,見《鄭和研究資料選編》)

吳晗先生認為,明朝海洋政策失敗的原因是國家放棄了國家經營。這個觀點是錯誤的。明朝海洋政策的失敗,主要並不是國家放棄了經營,而是對民眾海上活動的禁錮。雖然他也指出了數千萬無名英雄冒著違反國家法令的危險,憑著勇氣和求生的慾望,赤手空拳,乘風破浪,到海外開拓新世界、新事業,但是,他沒有注意到,正是皇權的無限和絕對,正是國家對海洋權益的壟斷,才是導致中國失去海洋數百年的原因。

吳晗先生認為鄭和之後,明朝採取了「放任政策」,如果這指的是國家放棄了責任,倒也有些道理,但如果指的是國家放鬆了禁海措施,民眾都可以自由航海,那就大錯特錯了。事實一直都是,除了皇家許可,否則片板不能入海。

這種政策與葡萄牙和西班牙形成了鮮明的對比:在明朝,從事海外探索和海上活動是犯罪行為,民眾一出海便成為罪犯,而在葡萄牙和西班牙,出海的罪犯因為有所發現而成了民族英雄。不同的政策鎖定了海洋活動的方向,在明朝,一旦皇家的需要得到滿足,一旦他們聽到了海晏河清的消息,便從國家層面到百姓層面,徹底地封鎖了海洋,以至於造成了在世界史的關鍵時期海洋在中國近代史上的缺位。

明英宗朱祁鎮

大明傳奇第一君

　　明英宗朱祁鎮，明宣宗朱瞻基的長子。明宣宗朱瞻基死後，朱祁鎮繼位。朱祁鎮兩次登基，在位共22年，病死，終年38歲，葬於裕陵（在今北京十三陵）。

　　朱祁鎮是明朝歷史上的第六位皇帝，是一個宮女的孩子。朱祁鎮9歲登極，年號「正統」，14年後在「土木堡」被蒙古瓦剌部所俘，失去帝位。8年之後，通過「奪門之變」，朱祁鎮重登寶座，年號「天順」，在位8年，兩階段共在位22年，38歲時駕崩，廟號為「英宗」。

　　朱祁鎮是明朝歷史上唯一用過兩個年號的帝王。

　　明英宗朱祁鎮雖然壽命跟他父親明宣宗朱瞻基一樣，但揚湯止沸的朱祁鎮一生卻比其父要曲折得多。朱祁鎮在位期間是明朝歷史上由強而弱的轉折點，大明帝國正從繁榮走向衰落。朱祁鎮雖然和他父親朱瞻基一樣，也是英年早逝，但他的一生充滿了傳奇色彩，令人慨嘆不已。

朱祁鎮生母究竟是誰

明英宗朱祁鎮,宣宗皇帝朱瞻基的長子,他的一生充滿了傳奇色彩。明英宗朱祁鎮生於明宣宗宣德二年(1427年)冬月十一,其父朱瞻基結婚10年沒有子嗣,對這個姍姍來遲的兒子自然十分疼愛。明宣宗宣德三年(1428年)二月初三給他賜名朱祁鎮,同時又賜璽書,寄予厚望。三天後,出生僅僅兩個多月的朱祁鎮又被冊立為皇太子,成為明朝歷史上年紀最小的皇儲。

命運似乎格外垂青朱祁鎮,在父親朱瞻基駕崩後,年僅9歲的朱祁鎮順利登上了萬人矚目的皇位,開始君臨天下。看起來,朱祁鎮的人生似乎真的很幸運。但是,朱祁鎮幼年喪父,不能不說是人生一大不幸。這些對朱祁鎮來說也許算不了什麼,真正不幸的是直到他生命的最後一刻,竟然連自己的身世都沒能搞清楚,因為朱祁鎮始終不知道誰是自己真正的生身母親。

關於明英宗朱祁鎮的生身母親是誰,史學家們向來存在著不同的說法。有人認為是朱祁鎮父親朱瞻基的貴妃孫氏(即孝恭皇后)所生。據《明書》和《明實錄》中記載,孫貴妃「宣德二年十一月,生英宗皇帝」。孫貴妃,永城縣(今河南永城)人,主簿孫忠女。10歲時,經彭城伯夫人、朱瞻基母親張太后向成祖朱棣推薦,選入內宮撫養。

明成祖永樂十五年(1417年),冊封為皇太孫嬪。明宣宗朱瞻基即位後,冊立孫氏為貴妃。朱祁鎮的出生並被立為太子,成

為孫氏爭奪皇后之位的最重要的砝碼。後來張太后和諸大臣同意明宣宗朱瞻基廢掉胡皇后，冊立孫貴妃為皇后，應是母以子貴。

也有人認為明英宗朱祁鎮是宮女所生。據《明史稿》記載，孫氏「無子，陰取宮人子為己子」，「於是眷寵日重」。查繼佐的《罪惟錄》和《明史》也贊同這種說法：孫貴妃「寵冠後宮，宮人有子，貴妃子之。」

更有甚者，有人認為，朱祁鎮的親生母親既不是孫貴妃，也不是宮女，恐怕另有他人。

《明史·孝恭皇后傳》就記載說：「英宗生母，人卒無知之者。」

據記載，明英宗朱祁鎮是在他在位的最後一年才從皇后錢氏口中知道自己本是宮人之子，但年長日久，他已無法知道生母的身世和下落（按錢后的說法，英宗生母「死於非命」，從孫貴妃跟胡皇后爭寵得逞並進而逼死胡氏的情況來看，這是很可能的），只好把一腔同情寄予被廢的胡皇后身上，為她重修陵寢，一切按照皇后的規制辦理。

不管朱祁鎮是孫氏所生還是宮女或他人所生，對他父親朱瞻基來說，只要是自己的骨肉，所謂「龍脈」即可。由此可以看出，朱祁鎮的身世有很大的悲劇性，預示著他的一生也可能跌宕起伏，歷盡人世間的滄桑。

朱祁鎮為何要摘「祖立鐵匾」

朱祁鎮在孩童時就與身邊的太監王振相處親密，形影不離。9歲登基時，他便把王振提拔為司禮監太監。司禮監是明廷中二十四個宦官衙門中最重要的一個，負責掌管皇城內一切禮儀、刑事和各種雜役，尤為重要的是，它還替皇帝管理一切奏章，代皇帝批答朝臣上奏的所有公文。

皇帝口述的詔令也由司禮監的秉筆太監用朱筆記錄，再交內閣撰擬詔諭向下頒發。宦官王振當此重任，本該盡心盡意，恪守宮規，協助年幼的朱祁鎮管理好朝政，可是，他卻野心勃勃，想利用這個權力達到自己蓄謀已久的目的。

由於明英宗當時年幼，凡朝廷大事，都要先請示太皇太后張氏，再送往內閣議決執行。由於張

明英宗

氏的把持，再加上大學士楊士奇、楊榮、楊溥等一班老臣主持政務，朝野上下都風平浪靜。宦官王振知道自己羽翼尚未長成，於是在「三楊」面前，裝出畢恭畢敬的樣子。

與此同時，王振在暗中拼命擴大自己的勢力。一天，他在朝陽門外的閱兵活動上，騙過所有大臣，謊報騎射名次，把自己的私交紀廣列為第一，並越級提拔其為都督僉事，成為他的心腹。

漸漸地，王振的門下便網羅了一批趨炎附勢的小人，見自己羽翼豐滿，便放肆起來。他不把「三楊」放在眼裡，有時竟自作主張處理政事，使得楊士奇非常惱怒。

為此，太皇太后張氏把英宗朱祁鎮及五位重臣叫來，當面下令賜死王振。朱祁鎮捨不得王振，趕忙跪下為王振求情，才免王振一死。從此，太后經常派人監視王振，不讓他再越雷池一步。

然而，朱祁鎮卻對太皇太后的懿旨不理不睬，仍一味寵信王振。正統六年的皇宮大宴上，宦官本無資格參加，朱祁鎮卻破例請王振參宴。王振竟以「周公輔佐成王」自比，待百官迎於東華門外，才趾高氣揚地入得宮來，驕橫狂妄不可一世。第二年，太皇太后張氏病故，「三楊」中也死的死，老的老，王振權勢日重，更加無所顧忌了。

開國皇帝為防止內臣即「宦官」干預朝政，在宮門上掛著一塊祖立鐵匾，立下了「內臣不得干預政事，預者斬」的規矩。王振每當看到這塊鐵牌都心驚膽戰，連晚上睡覺都不安穩，成了他的一塊心病。而今張太皇太后一死，王振便明目張膽地立即摘去了這塊鐵牌，破了祖立的戒律。

朱祁鎮對此竟聽之任之，不加責問。摘去了祖立的鐵匾，王振更加肆無忌憚，瘋狂地結黨營私，打擊異己，一時朝野上下一片烏煙瘴氣。他的侄子們都被提升為錦衣衛的頭子，搞特務政

治。御史見之不跪即被貶謫，駙馬都尉罵了他的家人也被逮入獄中。朝廷中文武百官人人自危，爭相攀附於他，有的甚至剃去長鬚拜王振為父。其時，王振才不過三十多歲。

「土木之變」的發生正是朱祁鎮的昏庸、王振的擅權所造成的。正統十四年，蒙古族瓦剌部大舉南侵，塞外明軍不堪一擊，節節敗退。王振為了討功邀寵，勸朱祁鎮御駕親征，一切軍政事務均由王振一人專斷。結果，在土木堡大敗，五十萬明軍精銳全被葬送，朱祁鎮也當了敵軍的俘虜。

朱祁鎮被俘後，護衛將軍樊忠把怒火集中到王振身上，猛喊一聲：「我為天下誅此賊！」用鐵錘猛擊王振，王振慘叫一聲摔死到馬下。禍國殃民的王振終於遭到了可恥的下場。不久，文武大臣數百人聯名呈上一份彈劾王振的奏章，並在朝上當庭打死了王振的幾個同黨，代朱祁鎮主朝的郕王朱祁鈺順應民意，宣布了王振的罪，傳旨將王振的田地家產全部沒收，抄家滅族。

王振一黨全被鏟除。王振雖然摘下了鐵匾，但仍沒逃脫鐵匾對他的懲罰。姑息養奸的朱祁鎮也嘗到了摘掉鐵匾的苦頭。

朱祁鎮為何非要置于謙於死地

第一篇 細說明朝皇帝的那些懸疑事

明英宗再次登皇位，實現人生轉折和于謙的功勞是分不開的。如果不是于謙那句「言南遷者，可斬也」的厲聲高呼，留守北京的大臣們就會犯逃跑主義，大明帝國就會輕鬆的丟掉半壁江山；狼子野心的也先就會繼續以朱祁鎮為要挾。論清廉，于謙自奉儉樸，兩袖清風；論能力，于謙膽識非凡，處亂不驚；論人格，于謙心繫國家，義薄雲天；論操守，于謙安於澹泊，剛正不阿。于謙對大明帝國有再造之功，再說明英宗能夠重返大明，也全靠于謙與也先的智勇周旋，這一點明英宗比誰都清楚。

但是他還是一邊說著「于謙實有功」，一邊下達了死刑命令。就在明英宗成功復辟後的當天，就迫不及待地把于謙關進了死牢，五天後「棄市」。那麼，這究竟是為什麼？明英宗為何非要置于謙於死地呢？

通過「奪門之變」復辟的明英宗，首先面臨著的一個重大問題，那就是如何為自己的君統「正名」。為此，明英宗廢除了景泰帝名號，改元「天順」。天者，天命所歸；順者，順應民心。年號雖然改了，景泰帝也已經廢了，而對當初危難時刻擁立景泰帝上台的主謀于謙如果不加以懲治，顯然還不足以證明其復辟之君的政治合法性，無法向天下人昭示自己的復辟是「天命所歸」和「民心所向」。

所以，當徐有貞提醒他說「不殺于謙，此舉為無名」後，為

處置于謙猶豫再三的明英宗終於下定決心，殺掉于謙，抄沒家產，家人充軍。

俗話說「失去過，才會懂得去珍惜和擁有」。明英宗從一個至高無上的皇帝，變成一個身陷囹圄的階下囚，繼而成為一個被景泰帝幽禁長達7年之久的太上皇，最後夢一般的再次坐上皇帝寶座，期間的辛酸、悔恨、羞辱、磨難，是任何人都無法想像的。所以，他對失而復得的皇位愈發珍愛。殺掉于謙，不過是他樹立權威、挽回顏面的無奈之舉。

然而，于謙畢竟是無懈可擊的，找不到罪名，這讓明英宗很頭疼，於是宋高宗冤枉岳飛謀反的伎倆又派上了用場。不過，岳飛的罪名是三個字「莫須有」，而于謙的罪名是兩個字「意欲」。

京城百姓無不為于謙被殺而落淚，為之，就連皇宮內的孫太后也為之感嘆。然而，這是沒有辦法的事情，因為對於明英宗來說，皇權永遠是第一位的。明英宗死後，他的兒子明憲宗即位，于謙的冤案很快得以昭雪。

明憲宗在賜給于謙的祭文中說：「卿以俊偉之器，經濟之材，歷事先朝，茂著勞績。當國家之多難，保社稷以無虞，唯公道之獨恃，為權奸所並嫉。在先帝已知其枉，而朕心實憐其忠。」祭文中，明憲宗把于謙的死完全歸因於徐有貞、石亨等人的迫害，多半是為明英宗開脫。

不過，明憲宗即位後能立即為于謙平反，也多半是受了明英宗的特別叮囑。人做錯了事情，總會內疚不安的，皇帝也不例外。

「壬寅宮變」大揭祕

在封建皇王朝，普遍存在著權力的博弈。皇帝與皇儲、親生骨肉之間經常會為了權力而生死相搏。帝王家庭內，經常上演父（母）殺子，子弒父（母）或兄弟相殘的慘劇。如在隋朝有楊廣弒父殺兄，唐朝有李世民「玄武門之變」，明朝有朱棣「靖難之變」等等。發生在明朝的「南宮復辟」同樣是兄弟之間為了權力而演繹的一幕慘劇。

明宣宗病死後，太子朱祁鎮即位，是為明英宗，年號正統。英宗即位時年幼，朝中大事在察報太皇太后以後再施行。當時有司禮太監王振在朱祁鎮小時候就時常陪同其玩耍，天長日久，得到了朱祁鎮的歡心。朱祁鎮做了皇帝後，尊其為「先生」，並要公侯們尊他為「翁父」，又把一切軍國大事交給他統管，朱祁鎮落得在一邊做個逍遙皇帝。

而此時的北元勢力在不斷擴大，屢犯明朝邊境。北元政權是由元朝殘餘勢力逃回蒙古後建立的。隨著勢力的不斷壯大，開始侵犯大同，此時掌管軍國大權的王振想借此機會來顯示威風，於是慫恿英宗御駕親征，年輕的英宗也想率50萬大軍到塞外玩玩，於是兩人一拍即合，決定出兵。

明軍進入大同後王振得知前線戰事慘烈，又慫恿英宗退兵，結果部隊大亂，北元的也先乘機追擊。

撤退時，王振想繞道家鄉蔚州顯示威風，走了40里，忽又擔

心軍隊會對家鄉他的產業造成破壞，又命部隊改道向東到了土木堡，因他的1000多車財物未到，又強行命令部隊在沒有水源的土木堡駐紮，結果，幾十萬軍隊被北元的也先包圍殲滅。王振被憤怒的將軍打死，而英宗皇帝成了中國歷史上絕無僅有的戰地俘虜。這就是著名的「土木之變」。

皇帝被俘一事傳到京城，立即引起了軒然大波。一些大臣聽到此消息後，驚惶失措，嚇得六神無主，有的大臣則主張立即南遷，整個王朝處於動蕩不安之中。就在這生死存亡之際，時為兵部侍郎的于謙，從國家大計出發，力主「國不可一日無君」。

最後，孫太后下旨令英宗之弟朱祁鈺為君，是為明代宗，年號景泰（故代宗又稱景帝），尊英宗為太上皇，又下令立英宗的兒子朱見深為太子。明代宗即位後，升于謙為兵部尚書，授予重任。在于謙等人的主持下，明軍頑強抵抗，屢敗蒙古也先部於北京城下，瓦剌大軍被守城的明軍斬首萬餘，九萬多潰散逃亡，也先被迫撤兵。也先大敗後，勢力大大減弱，再加上內部出現矛盾，因此開始向明政府求和，並主動提出送還明英宗。

朝中大臣大多主張將英宗迎接回朝，代宗心中雖有千萬個不願，可是又不便說出口，最後只好派于謙等人將英宗接了回來。英宗回來後，代宗完全不顧骨肉親情，立即將其軟禁在南宮並加強防範，杜絕英宗和任何人聯繫。英宗所住的居室十分簡陋，除了一些生活必需品外，一切從簡，哪怕是紙筆都很少提供。這時的英宗名義上是太上皇，其實和階下囚並無多大差別。

時間過了幾年，相安無事。但是明英宗的兒子仍然為太子，這成了代宗的一塊心病。於是他欲廢太子朱見深，立自己的獨子朱見濟為太子。易儲舉措立即引起朝廷內部大臣的不滿，就連自己的皇后汪氏也反對，可是代宗一意孤行，最終景泰三年五月，

代宗下詔，廢朱見深為王，令其出宮居住在王府，而將自己的兒子立為太子。

可是這朱見濟偏偏是個短命鬼，在被立為太子後不久便暴病身亡。朱見濟一死，太子之位該由誰來繼承？立儲一事再次被提上了日程。有的大臣力主恢復朱見深太子名分，代宗聽後大怒，對提出復儲的官員進行打擊報復。很多人害怕遭受打擊報復，所以立儲之事被耽擱下來。

景泰八年，代宗病危，而皇位繼承人尚未確立，而代宗自己又沒有兒子，誰來繼位？有人提出恢復朱見深東宮名分，有人則表示反對意見。就在爭論沒有結果之時，石亨、曹吉祥、徐有貞等幾個在朱祁鈺當政時不受重用的人乘機發難，把英宗從南宮中接回金鑾殿。群臣得知太上皇復位，面面相覷，無人敢反對，這樣明英宗在做了七年的太上皇後，終於重登大位。這就是歷史上的「奪門之變」。

明英宗復辟後，立即將還未斷氣的代宗遷往西山，朱祁鈺幾天後死去，享年29歲。關於代宗朱祁鈺的死，有著較大的爭議，有人說他是看到皇位被奪，受刺激而死；有人說，代宗可能是被英宗派太監蔣安用帛勒死的。

代宗死後，並沒有葬在生前選好的皇陵，而是被葬在西山。他也成為中國歷史上第一個沒有葬在皇陵的皇帝。

為區別於第一次當皇帝，明英宗改年號為天順，這也使他成為明代歷史上唯一擁有兩個年號的皇帝。

明武宗朱厚照

「豹房少年」政事荒

　　明武宗朱厚照，明孝宗弘治四年（1491年）九月生，是明孝宗朱祐樘的長子，母親是張皇后。弘治十八年（1505年）五月，朱厚照即皇帝位，在位16年，年號正德，死後葬北京十三陵之康陵。

　　朱厚照，兩歲被立為皇太子。由於明孝宗朱祐樘一生只寵愛張皇后，而張皇后只為明孝宗生了兩個兒子，次子又早夭，因此，明武宗自小就被視為掌上明珠。按理說朱厚照應該成為一個很好的皇帝，但就是因為周圍的太監，毀了這個年輕的孩子。

　　東宮的隨侍太監中，有八個太監號稱「八虎」，他們以劉瑾為首，為了巴結日後的新皇帝朱厚照，每天都進一些奇特的玩具，還經常組織各式各樣的演出，各種體育活動，當時的東宮被人們戲稱為「百戲場」。試想年幼的朱厚照如何能抵禦這些東西的誘惑，於是就沈溺於其中，而且終其一生沒有自拔，學業和政事當然也就荒廢了。

　　縱觀明武宗朱厚照一生，貪杯、好色、尚兵、無賴，所行之事多荒謬不經，為世人所詬病；同時朱厚照又處事剛毅果斷，彈指之間誅劉瑾，平安化王、寧王之叛，應州大敗小王子，精通佛學，會梵文，還能禮賢下士，親自到大臣家中探望病情，甚至痴情於藝妓。總之，明武宗朱厚照富有戲劇性的一生是難以用只言片語概括的。

朱厚照生母到底是誰

前文說過，明武宗朱厚照是明孝宗朱祐樘和皇后張氏的嫡長子，出生於明孝宗弘治四年（1491年）九月二十四申時。這在命理上稱為「貫如連珠」，主大富大貴，據說明太祖朱元璋的生辰與此有相似之處，因而這是一個特別好的日子。

這對朱厚照順利地登上皇位當然很重要，但更為重要的是：他是明孝宗朱祐樘和皇后張氏的嫡長子。自明太祖朱元璋確立了明朝的嫡長子繼承制度後，儘管皇帝們總希望能夠做到這一點，但事實上，縱觀明朝的歷代皇帝，只有朱厚照一人是真正以嫡長子的身分登臨大位的。

偏偏在這一點上，留下了一個大疑問，從朱厚照出生那一刻起，關於他生母不是張皇后而另有其人的說法就不脛而走。張皇后是河間興濟（今河北滄州北）人，明憲宗成化二十三年（1487年）選為皇太子妃。明孝宗即位，冊立為皇后。張皇后婚後4年沒有生育，心理壓力非常大。大臣們很是著急，紛紛上書請求皇帝選妃以廣儲嗣。明孝宗不聽，但心裡也是有些著急，就和張皇后在宮中齋醮求子，一連幾個月。明孝宗弘治四年（1491年）九月，宮中傳出喜訊，張皇后的皇子誕生了！

舉國歡慶之餘，各種流言也隨之四起，有許多人相信這個皇子不是張皇后親生的。因為張皇后生下皇子的消息過於突然，事先竟然一點消息都沒有，而且婚後四年沒有生育，難道這次真的

是感動神靈而得子嗎？當時張皇后因為既未生育又不讓明孝宗選妃而承受了巨大的壓力，成為人們私下裡埋怨的對象。

有人懷疑張皇后自己不能生育，就抱養其他宮人所產之子為己子，這樣既避開了人們的指責，又可以鞏固自己的地位。這些流言或許有些事實依據，或許只是反映人們的一種態度。

其實，懷疑張皇后沒有生育能力是沒有根據的。事實上，三年後張皇后又生育過另外一個皇子朱厚煒。但是流言並沒有停止，猶如長了腿一般傳播到全國各地，並引發了一個轟動一時的大案。這個案子發生在明孝宗弘治年間，稱為「鄭旺妖言案」。

鄭旺是武成衛的一名士兵，家境貧寒。鄭旺有個女兒，叫鄭金蓮，12歲時賣給別人做婢女，聽說後來進了宮。鄭旺通過關係，與太監劉山交往，時常托他將一些時鮮水果等物送入宮中女兒手中，鄭金蓮也托劉山送些衣物給鄭旺。鄭旺拿著宮中的衣物四處炫耀，吹噓女兒得皇帝的恩寵。別人討好鄭旺，就稱他為「鄭皇親」。張皇后生下皇子後不久，就有流言說皇子其實是鄭金蓮所生，並被張皇后強行抱了去。

這件事鬧得滿城風雨，但也沒有人去追究，這是不同尋常的，有人認為實際上是明孝宗已經默認了這種說法。

明武宗

誰知十幾年後，即明孝宗弘治十七年（1504年），孝宗考慮到這種說法會影響到太子朱厚照的政治地位，遂命人將鄭旺、劉山等人捉拿到官。然而孝宗沒有讓司法機關插手此案，而是御審，這又是不同尋常之事，難道是明孝宗怕外臣知道宮中的祕密？御審的結果是劉山以干預外事的罪名被處死，鄭旺以妖言罪、冒認皇親罪被監禁，鄭金蓮被送入浣衣局。

　　案件的結果也有幾處不同尋常之處：這個案件中只有太監劉山被殺，被認為是殺人滅口；而比劉山罪情更重的鄭旺卻只是監禁，朱厚照即位後又被釋放出來，此中似有隱情。據翰林院王瓚的記載，他在司禮監教太監識字時，見兩個太監將一個女人押入浣衣局。浣衣局的看守見到來人，肅立兩旁，態度十分恭敬，可見來人非同一般。至於這個人是不是鄭金蓮，可惜王瓚沒有看清楚。

　　然而，案情隨著明孝宗的去世和明武宗朱厚照的即位又有新的發展。明武宗正德二年（1507年），被釋放的鄭旺仍然堅持他的女兒生了皇子，因而謠言再起。鄭旺的同鄉王璽打通關節，闖到東安門，聲稱上奏當今天子「國母」被囚禁的實情，鄭旺、王璽因此被捕入獄。

　　審判之時，鄭旺多次聲稱自己無罪。最終，鄭旺以妖言罪被判死刑。為何兩次都是妖言罪，結果大相徑庭呢？第一次審判，明孝宗與張皇后關係緊張，因此判罰寬鬆，似乎有意保全鄭旺；第二次審判，明孝宗已經駕崩，明武宗朱厚照剛剛即位，而且嫡長子身分又是何等神聖的光環，對於自己的政權十分重要。

　　因此，即使明武宗朱厚照為鄭金蓮所生，他又怎會相認？畢竟這對於自己、對於明孝宗、對於張皇后乃至於對明廷而言，都不是一件光彩的事情。關於明武宗朱厚照身世的「鄭旺妖言案」就這樣無聲無息地結束了。

朱厚照「豹房」亂政之謎

明武宗是歷史上很有名氣的一位皇帝。在明朝的歷史上，昏君屢見不鮮，幾乎成了有明一代的特色，在明朝的眾多昏君中，明武宗可稱得上是其中的「佼佼者」了。他不僅是中國歷史上絕無僅有的將自己任命為將軍的皇帝，還年紀輕輕就把自己的命也玩掉了。明武宗到底是什麼樣的皇帝呢？

明武宗是明朝歷史上最著名的荒唐皇帝，其貪玩的程度在中國歷朝歷代的皇帝中無出其右。明武宗似乎生來就有貪玩好武的天性，從小就對各種各樣的遊戲和運動十分入迷，幼年時就常到宮中的毗園亭玩蹴鞠，隨著年齡的增長又醉心於騎馬射箭，而且一發不可收拾。

明朝的皇帝大多短命，這與他們為追求長生不老而大量服食丹藥有關，孝宗也不例外，於是明武宗14歲時便已經登極當上了皇帝。這個14歲的少年，有了君臨天下的權力，玩起來便也更加放肆，當時的大臣就常看到退朝後的少年天子，在大批帶刀披甲、臂架獵鷹的宦官簇擁下，從皇城疾馳而出的場面。

不久，武宗又對市民的生活大感興趣，於是傳令在禁內設立市場，建了許多商店，讓宦官扮成買賣人模樣，端著算盤，持著賬簿，極認真地在那裡討價還價，還特意派出市正做調解工作，武宗自己則扮成富商，買進賣出，以此取樂。

也許是覺得富商的生活應該更加豐富多彩，武宗又讓宦官在

市場中開設了許多的酒肆、妓院，讓宮女扮成妓女，自己則挨家進去喝酒、聽曲。當然，既然是進了妓院，淫樂也是必不可少的。於是，皇家後宮就這樣讓明武宗改造成了紅燈區。

大臣們對武宗的胡鬧自然不滿，他們紛紛上書勸諫，武宗玩興正濃，哪裡聽得進道學家們的規勸，為求耳根清淨，便建立豹房，在裡面安置了許多的樂戶和美女，自己三天兩頭住在豹房，日夜淫樂。至於上朝，則每月去一兩次，應付一下，開始跟大臣玩起了消極怠工。

慢慢地，武宗開始覺得皇宮裡還不夠好玩，便帶著宦官溜出皇宮，到民間微服私訪，經常在夜間闖入百姓家中逼令女子作陪，遇到中意的，還要帶回宮去，搞得百姓怨聲載道。

作為明朝最能玩的皇帝，每日眠花宿柳仍然遠遠不能讓武宗感到滿足，於是他索性在皇宮內玩起了軍事訓練的新把戲，弄得皇宮中炮聲震天，把京城裡不明原委的老百姓嚇得半死。中國的皇宮都是土木結構，武宗為了放炮竟在皇宮中貯藏了大量火藥，結果百密一疏，終於把皇宮點著了，竟將皇帝的寢宮乾清宮燒得乾乾淨淨。

皇宮著火時，武宗正在豹房，讓人感到不可思議的是，當他看著自己的寢宮乾清宮的沖天大火和火藥不斷爆炸激起的火花，竟然對身邊的人說：「是好一棚大煙火也！」

朱元璋如果地下有知，聽到這句話，大概也會被這位不肖子孫活活地再氣死一回的。

武宗長大以後依然對於騎馬射箭樂此不疲，認為這是展示自己才華的一大舞台。但是，戰場更讓他嚮往。為了讓自己有機會率軍出征，武宗實施了中國歷史上最荒唐的任命。

一日，武宗下詔任命朱壽為總督軍務威武大將軍總兵官，到

宣府、大同、延綏去巡查西北部邊境。正當朝中大臣丈二和尚摸不著頭腦，搞不清哪裡冒出個朱壽時，武宗卻以總督軍務威武大將軍總兵官朱壽的身分大搖大擺地率軍出京了。

寧王朱宸濠乘武宗荒於政事起兵發動叛亂。對於國家內部發生叛亂，武宗不僅不著急，反而大喜，因為這正好給他一個南巡的機會，於是他又打起威武大將軍朱壽的旗號，率兵出征。

不料大軍才走到半路便接到叛亂已經被王陽明平定的報告，不過這個消息絲毫沒有降低武宗的興致，他親自導演了一出鬧劇，下旨將朱宸濠釋放，然後再由自己親自將他抓獲，然後大擺慶功宴，慶祝自己平叛的勝利。

武宗南巡的真正目的其實就是要到江南遊玩，南下平叛只不過是可以名正言順到江南的一個幌子，現在既然平叛成功，武宗便心安理得地留在江南肆意玩樂。一天，武宗親自駕著漁船在江上打魚，正玩得興起時，不慎跌入江中，差一點被淹死，隨從們七手八腳地將他從江中撈起，武宗才沒有命喪江南。

受了這一次的驚嚇，再加上當時已經是九月天氣，江水寒冷，而武宗又早已被女色掏空了身體，結果便自此開始生病，而且這一病就再也沒有治愈。沒了玩興的武宗匆匆離開江南，然而回到京城之後的他卻仍不收斂，照舊縱情荒淫，身體日益虛虧，雖然太醫們盡心治療，可還是沒有挽回武宗的生命。數月之後，武宗病死於豹房，年僅30歲，從而結束了他短暫、荒唐的一生。

明穆宗朱載坖

女兒國中竟風流

　　明穆宗朱載坖（同「厚」字）是明朝歷史上的第十二位皇帝，是明世宗朱厚熜的第三個兒子，於明世宗嘉靖十八年（1539年）被封為裕王，在嘉靖四十五年（1566年）登基繼承皇位，第二年改年號為「隆慶」，故後世又稱他為隆慶帝。

　　雖然朱載坖一生在位僅僅六年時間，但是在他統治期間，朝野政治清明，社會比較穩定，經濟方面與明世宗朱厚熜時期相比，有了重大的改觀，幾乎沒有發生什麼重大的變故。因而，可以說他是明朝歷史上比較幸運的皇帝。

　　嘉靖三十二年（1553年），剛滿16歲的朱載坖就出居裕王邸，開始了獨立生活。在裕王邸13年的生活，使朱載坖較多地接觸到社會生活各方面，了解到明王朝的各種矛盾和危機，特別是嚴嵩專政，朝綱頹廢，官吏腐敗，「南倭北虜」之患，民不聊生之苦。內憂外患使明穆宗關心朝局，對他登極後處理政務有著較大的影響。

　　明穆宗的性格確實是正德朝以後歷代皇帝中最謙和的。《明史》對明穆宗的評價也不錯，說他「端拱寡營，躬行儉約」，每年光吃的一項省下來就達到幾萬兩銀子。

朱載垕是如何登上皇帝寶座的

明世宗朱厚熜一直是希望早日有個兒子的，為此，他甚至進行過很多迷信的祈禱活動。終於在明世宗嘉靖十三年（1534年）八月，有了第一個兒子朱載基。載基者，承載國家之基業也，由此可見明世宗朱厚熜對這個兒子有多麼的喜歡。但是很可惜，兩個月以後，這個皇長子就去世了。這時候，朱厚熜所信任的方士陶仲文向他提出了一個很具有震撼性的理論，即所謂「二龍不相見」。這個意思就是說，太子是一條潛龍，而朱厚熜是真龍，二龍如果相見，必定會對其中一個人有傷害。皇長子早死就是一個例證。

明世宗朱厚熜是對道教很虔誠的，即便是這種毫無根據的說法，在他心裡也成了一個難以抹去的陰影。於是在太子的問題上開始出現一些反常的避忌。兩年之後，朱厚熜又有了第二個兒子，取名叫朱載壡。又過了三個月，朱厚熜又收獲自己第三個兒子，取名叫朱載垕，也就是本文這裡最重要的主人公了。又過了一個月，朱厚熜的第四個兒子也來到了世上，取名叫朱載圳。

三年之後，明世宗朱厚熜還是決定冊立他的儲君。朱載壡自然就成為了皇太子，而比朱載壡小三個月的朱載垕只能是裕王，他的弟弟載圳為景王。但是，這個時候天命和大家開了一個玩笑。在冊立大典之後，太子和裕王回到了自己的居所，大家打開冊寶一看，結果發現太子的冊寶進了裕王的府邸，而裕王的則錯給了

東宮。大家只好又交換過來。恰好，後來朱載垕當了皇帝。

明世宗二十五年（1546年），太子已經11歲了，大臣們向皇帝朱厚熜要求太子加冠禮出閣講學。這觸犯了朱厚熜內心的對那條咒語的忌諱，他斥責那些大臣說：這是我們自己的事，跟你有什麼關係？將那些疏請的大臣都貶到邊疆去了。

朱厚熜此舉，引發了大臣們對皇帝的猜疑，朱厚熜再也頂不住大臣和太后的壓力，以及可能出於確實自己對太子的關心，允許太子出閣講學。在隆重的典禮過後，太子突然病倒，病重身亡。太子的死給朱厚熜的打擊相當之大，他陷入了咒語籠罩的巨大悲痛之中，決定再也不立太子了。

於是，裕王朱載垕，當今皇上的最長子，法理上的皇位第一繼承人，開始了他無奈、苦澀、委屈、擔驚受怕的儲君生涯。當然，朱載垕的名義上依舊是一個親王，一直到他即位，都沒有當過一天的太子，這可能是明朝歷史上最尷尬的儲君，最特殊的親王了。

明朝的大臣是不會就此放過皇帝的，請求立裕王朱載垕為太子的奏疏在明世宗的面前開始積壓，明世宗深深的惱恨這些大臣，但又不敢明說自己心中的這種顧忌，只好採用拖字來解決，說什麼二王都太小，等以後再談論這些事情吧。其實二王和前太子朱載壡相差僅僅有四個月，朱載壡是加完冠禮才死的，那麼很顯然

明穆宗

裕王和景王也應該加冠禮出閣講學，但是明世宗一律不批准。

然而人的年齡是拖不得的，二王逐漸長大，明世宗朱厚熜終於拖不下去。禮部尚書徐階請求為二王選婚講學，並請立太子。朱厚熜只好去試探嚴嵩，哪裡知道嚴嵩在這件事情上居然敢不支持皇帝而贊成早立太子，讓朱厚熜深感失望，只好答應先讓二王結婚讀書。

朱載垕就這樣結婚了，他像正常的親王一樣，居住在宮外的裕王府中，但是朱厚熜對他的冷漠和在立太子的事情上的固執導致了朝野出現了非常大的猜測。朱載垕的母親是杜康妃，朱厚熜並不喜歡她，而景王朱載圳的母親盧靖妃，卻是很受朱厚熜寵愛的。朝野不禁猜測，是否皇帝有立景王為朱載圳太子的意圖，但是礙於明朝的體制又怕大臣的反對而不敢說？

這種猜測對朱載垕相當不利。很多大臣們都在掂量著應該在這個時候支持誰。明朝不乏誓死維護體制的大臣，而且這種人還相當的多。但是也有一些人是想要在這場儲君之爭中幫助景王朱載圳的，比如嚴嵩父子在這個時候就不停地在掂量究竟應該站在哪一邊。

一年之後，裕王的妻子生下了他的第一個兒子，也就是明世宗朱厚熜的第一個孫子。這本應該是一件非常的好事。但是朱厚熜對這個孫子也沒什麼好感，而這個孩子很快也夭折了。

深陷於喪母喪子之痛的裕王的妻子李氏可能因為受不了失去兒子的打擊，不久也病死了。禮部為這位裕王妃設計了隆重的喪禮，交由明世宗朱厚熜審閱，明世宗看完之後很生氣，說這根本就是太子妃的喪禮，為什麼一個王妃要用太子妃的禮儀？直接否決，大家只有又一切從簡。

大臣還是經常會要求裕王單獨舉行冠禮，要求裕王先成婚，

要求裕王在各種事情上的禮儀均比景王要高。他們想通過這些事例來證明，裕王是大家心目中的儲君，這是明世宗朱厚熜萬萬不能容忍的。

很快，裕王朱載垕終於得知明世宗朱厚熜命令大臣為景王選擇藩地，最終確定為湖廣德安府。朱厚熜並沒有為裕王選擇就藩的地點，而是將其留在京都，這基本已經是宣告了裕王朱載垕的儲君地位。

但是，景王並沒有放棄爭取太子的努力，他死活賴在北京不走。而嘉靖帝這個時候又態度曖昧的默許了這種行為。大臣們非常著急，紛紛要求景王就國，明世宗朱厚熜都不予理睬。最終朱厚熜被那班大臣也逼的沒有辦法，就假意問首相嚴嵩說，德安的景王府已經造好了很多年了，為什麼景王朱載圳還留在北京不走？嚴嵩在支持二王的態度上一向舉棋不定，但他知道朱厚熜並不太想景王很快就藩，於是就授意禮部尚書吳山，要他出面挽留景王朱載圳。吳山說，中外盼望景王朱載圳就藩已經很久了，馬上擬訂了景王朱載圳離開京城的各項禮儀，朱厚熜沒有辦法，只好讓景王朱載圳去了德安。

明世宗嘉靖四十五年（1566年）臘月，朱厚熜皇帝病危。首相徐階請來了裕王朱載垕，以主持大喪。平時很少見到父親的裕王，終於來到了明世宗朱厚熜的病榻前，在位45年的朱厚熜當天中午，駕崩在了乾清宮。

12天後，明穆宗朱載垕即位，改元隆慶，也就是明朝的第十二個皇帝明穆宗。

朱載垕是怎麼死亡的

　　明穆宗朱載垕即位後，首先宣告天下，將廢除明世宗朱厚熜時期的所有弊政，一時間朝廷內外都希望新君能有所作為。但是，革弊施新取得實效沒多久，朱載垕便寵信太監滕祥等人，開始揮霍無度，縱情聲色，荒廢朝政。

　　在勤政方面，朱載垕的確是比較懶散的，即位後不久，很快就將權力交給了以高拱為首的內閣，以後只召見過兩次閣臣，而他自己有了空閒就在後宮享樂，廣修宮苑，犬馬歌舞。這不能不說是朱載垕人生的一大污點。

　　據說，明穆宗朱載垕特別的好色，整天在後宮裡忙來忙去，被人比做後宮中辛勤的小蜜蜂。他曾服用大量的春藥，每天要數名美女陪伴。朱載垕在宮中的用品，小到茶杯，大到龍床，全部都有男歡女愛的雕刻和彩繪。

　　對此，朱載垕的很多大臣都曾上書進諫，竭力勸阻，但他總是很溫和地說：「國事有先生我就放心了，家事就不勞先生費心了。」

　　朱載垕的原配夫人姓李，是在裕王府中娶的，她為朱載垕生下過一個兒子，但是母子兩個人實在命薄，一個沒有皇帝命，一個也沒有皇后命，兩人雙雙在朱載垕還沒有即位的時候就病逝，朱載垕對這個夫人的死感到非常的悲痛。

　　朱載垕續弦的夫人姓陳，後來成為了朱載垕的陳皇后。這位

陳皇后最大的悲哀在於一直沒有一個兒子，但是朱載垕似乎並不以為意，從來沒有動搖過她的皇后地位。感受過沒有親情之苦的朱載垕，的確比他的父親明世宗更加注重親情，他對自己的妻子和兒子，都要比明世宗要好得多。

排名在陳皇后之下的妃子就是後來萬曆皇帝的生母，當時是李貴妃。這位李貴妃其實是一個侍女出身，當年朱載垕在裕王府中窮極無聊，偶然發現了這個貌美的侍女，就臨幸了她。很幸運，這位侍女很快就懷孕了，這個孩子成為了朱載垕在世的長子，明世宗的長孫，未來的萬曆皇帝朱翊鈞。

李貴妃有兩個兒子，而陳皇后一個都沒有，這就難免會令人覺得皇后會失寵。有一天，雲南道監察御史詹仰庇在路上偶遇剛從宮中出來的太醫，就連忙上去密切打探宮中的情況，太醫告訴他，說皇后最近病重，已經從坤寧宮裡移居別宮了。

詹仰庇立即拿起筆寫了奏疏，指責皇帝朱載垕虐待皇后，說皇后得病一定是皇上耽於聲色，不理甚至虐待皇后，並且還指責皇后移居其他宮中是被皇帝朱載垕逼的。

這個奏疏自然不止是只呈送到皇帝朱載垕面前，它立即就傳遍了朝野上下，言官們一看，大家頓時來了精神，就對皇上和皇后的感情問題大發議論，指責皇上對皇后不好，又指責皇帝過於好色，其他言官也紛紛發表自己的看法。

也許就是因為這個原因，歷史上紛紛記載明穆宗朱載垕貪於女色，最後也是死於女色。由於縱慾過度，加上長期服食春藥，朱載垕的身體沒幾年就每況愈下，難以支撐了。隆慶六年（1572年）閏三月，宮中傳出了朱載垕病危的消息。在休養了兩個月之後，朱載垕又上朝視事，卻又突然頭暈目眩，支持不住而回宮。朱載垕自知病情不輕，急召高拱、張居正及高儀三人接受顧命，

吩咐由太子朱翊鈞繼位，後病逝於乾清宮。

就這樣，被女色掏空了身體的明穆宗朱載垕，匆匆走完了6年的帝王生涯，把大明江山留給了年僅9歲的皇四子朱翊鈞，終年只有36歲，後被謚為莊宗，廟號穆宗，葬於北京昌平昭陵。

明穆宗朱載垕死後，後人給予了比較高的評價。

《明史》中說，朱載垕「寬恕有餘，而剛明不足。」也有人把明穆宗朱載垕視為明朝「除太祖、成祖、宣宗、孝宗外，僅有的可圈可點的皇帝」，並認為，如果朱載垕不縱情聲色，多活二十年，明朝一定可以恢復到仁宣之治的舊觀，當然這只能是一種假設了。

朱載垕的皇陵一波三折

隆慶六年（1572年）五月，明穆宗朱載垕在乾清宮病故。

禮部左侍郎王希烈奉明神宗朱翊鈞之命往天壽山為明穆宗朱載垕選擇陵地，選得了永陵左側的潭峪嶺（今德陵所在位置）。同年六月，明神宗又命大學士張居正與司禮監太監曹憲於即位禮後再去陵區審視。張居正對明神宗說：送終的事情重大，尋找陵地的風水理論又十分微妙。事情重大，在處理上就應考慮詳盡；道理微妙就應廣集眾言以便做得恰到好處。張居正建議參照嘉靖年間選永陵時事例，派遣禮、工二部大臣及科、道官各一員，欽天監通曉地理官員、陰陽人等，再推舉廷臣中精於地理堪輿之術的官員一人，一同前往察看。

於是，明神宗命戶部尚書張守直、禮部右侍郎朱大、工部左侍郎趙錦、禮科都給事中陸樹德、江西道御史楊家相、工部主事易可久等官員與張居正一同前往天壽山察看。回來後，在張居正等人的建議下，明神宗決定採用大峪山作為明穆宗朱載垕陵寢的修建地點。

為什麼選好了潭峪嶺不用，而用大峪山呢？根據當時的歷史背景分析，原因有兩個。

第一，大峪山的「風水」優於潭峪嶺。張居正對大峪山有過一段描述。張居正說那裡「山川形勢結聚環抱……誠天地之隩區，帝王之真宅也。」而潭峪嶺，則人多認為不吉。如清梁份就

曾說那裡是「孤峰獨峙，左右界水中群山一起一伏參差不一。」又說那裡「主山峻峭，氣脈全無。」建在那裡的德陵則是「左肩受風於北之東，右肩受風於西之北。」明代中葉，雖然有對「風水」之說不再過分講究的情況，但盡量擇吉而葬，卻是情理之中的事。

第二，張居正是個務實的政治家。大峪山有現成的玄宮和部分地面建築，稍事增築，陵園就可大功告成，事半功倍，省時省力，節省開支。

大峪山為什麼會有現成的玄宮建築呢？這還要回顧一下明世宗朝的一些歷史。

明武宗正德十六年（1521年），荒淫無度的明武宗朱厚照在他的淫樂窩——豹房病死。朱厚照無子，遂由興獻王世子朱厚熜（武宗的堂弟）繼承帝位，即世宗皇帝。

明世宗皇帝即位後，經過「大議禮」之爭，於明武宗正德十六年（1521年）十月，追尊其父原興獻王朱祐杬為興獻帝，尊母蔣氏為興國後。明世宗嘉靖三年（公元1524年）四月，明世宗又追尊其父為本生皇考恭穆獻皇帝，尊其母為本生章聖皇太后。

同年明世宗為其父母修葺陵廟，薦號「顯陵」。九月，有的大臣為討好明世宗，提出將埋在湖北安陸（今鍾祥縣）的顯陵改葬天壽山，這正中世宗的心意。他命工部辦理。

尚書趙璜認為不能改葬，理由是：皇考體魄所安，不可侵犯；山川靈秀所萃，不可輕泄；國家根本所在，不可輕動。趙璜主張像明太祖朱元璋不遷皇陵，明太宗（即成祖）朱棣不遷孝陵那樣，不把顯陵遷往天壽山。禮部尚書席書等大臣也極力反對，明世宗只好作罷。

事隔十幾年後，明世宗的母親章聖皇太后於嘉靖十七年

（1538年）臘月病故。明世宗忽然又下詔在天壽山營建顯陵，打算把父母合葬於天壽山。明世宗親自到天壽山陵域選擇陵址，見大峪山「林茅草鬱，岡阜豐衍」，是個建陵的好地方，馬上命令武定侯郭勳和工部尚書蔣瑤等人提督內外員役，開始建陵。又命令大學士夏言和禮部尚書嚴嵩作「獻皇帝梓宮啟行圖」及奉遷儀注。不久，明世宗又變卦了。他說：「遷陵一事，聯中夜思之。皇考奉藏體魄將二十年，一旦啟露風塵之下，撼搖於道路之遠，聯心不安。」

於是，打算把母親章聖太后南祔顯陵。明世宗命錦衣衛指揮趙俊去湖北顯陵，開啟玄宮，審視大內。但回報說玄宮內有水。於是，明世宗親自去顯陵察看，命重建玄宮，以待合葬。明世宗在回京的路上，途經慶都堯母墓，他靈機一動，又想仿堯父母異陵而葬的故事，不遷父親的棺槨，而將母親葬於大峪山。

明世宗嘉靖十八年（1539年），明親自去大峪山閱視陵工，又說：「峪地空淒，豈如純德山（顯陵後面的山）完美，決用前議奉慈宮南祔。」由於明世宗猶豫不定，變幻無常，幾經周折之後，這座新建好的玄宮便空了下來。明穆宗朱載坖生前沒有預建壽宮，此時正好用上。

明穆宗隆慶六年（1572年）七月，工部尚書朱衡從工地回來，向明神宗敘述了玄宮內的情況。朱衡說，明肅皇帝為睿祖（獻皇帝廟號「睿宗」）修建的玄宮內紫光煥發，和氣鬱蒸，門堂乾淨，宛若「暖室」。明神宗聽了十分高興，隨即命禮部議定發引事宜。

自明穆宗隆慶六年（1572年）六月十五，明神宗下詔在大峪山建陵，聲勢浩大的地面建築工程就開始了。工部尚書朱衡被委任總督山陵事務，工部左侍郎趙錦負責督催木石，工部右侍郎熊

汝達和內宮監太監周宣等在工所提督施工。另外還有錦衣衛左都督朱希孝、僉書楊俊卿等在現場往來監工。

　　工程進展十分迅速，僅僅一年時間，昭陵的工程就全部結束。為此，明神宗特賜工部尚書朱衡等人銀幣若干，還恩准侍郎熊汝達一子入國子監讀書。

　　但好事多磨，由於施工不細，才過了一年的時間，陵園建築便出現了地基沈陷的問題。明神宗萬曆二年（1574年）七月，昭陵神宮監官陶金等上奏說：「六月以來，陰雨二日，本陵祾恩門裡外磚石沈陷。」工部主事王淑陵奉旨查看，回來後與陶金反映一致。並說祾恩殿、明樓、寶城等緊要處沒有損傷。

　　於是，工部又向明神宗反映，陵寢重地，鼎建未及一年便出現事故，內外經管官員都應究治。輔臣張居正也引湖北顯陵殿閣滲漏，降罰經管官員的事例，要求對此進行查處。為此，明神宗對王淑陵的回奏進行了批評，說陵寢重地，怎能說沈陷處不緊要？並決定對欺慢誤事、造作不精的提督工程太監周宣、左監丞郭全革恩一等，管工主事易可義、員外郎石漢降俸一級，官匠王宣等下法司提問。

　　事情還沒處理完，工科給事中吳文佳又對明神宗說：「祾恩門、殿等處沈陷甚多，至於寶城磚石翻塌損傷，更為可慮。」明神宗隨即命工部侍郎陳一松、給事中胡汝欽再去陵園勘察。回來後報稱：陵園沈陷嚴重，祾恩殿丹陛、方牆等處都有程度不同的沈陷、閃動，與陶金、王淑陵所奏相差懸殊。明神宗覽奏十分生氣，馬上命都察院會同工部對肇事人員進行參處。這次處罰比上次更為嚴厲，周宣、郭全各降三級，革去管事職務；熊汝達已致仕，著冠帶閒住，恩蔭罷革；易可義、石漢各降三級，調外任，等法司從重問擬；朱衡著以尚書致仕；楊俊卿等監工人員四人各

降一級,郭元相奪俸半年;馬錄等法司提問。

陶金、王淑陵因報告的時間與陳、胡二人察看的時間相差一月,其間大雨連綿,沈陷陸續增多,免以虛報處罰。

由於昭陵祾恩門、祾恩殿、垣牆等處嚴重沈陷,明神宗萬曆三年(1575年)正月,明神宗不得不委派工部左侍郎陳一松等提督再修昭陵。這年七月,陵工告竣。

由於昭陵多次興工,耗費了大量的人力和物力。第一次興工(指地面建築),明神宗萬曆元年(1573年)十月工部盤查營建所用錢糧數,計用庫銀390932兩,還不包括其中神木等三廠的木植用銀、大通橋廠的白城磚用銀、大石窩等廠舊石料的折銀及戶、兵二部雇抵班軍工食行糧等用銀。

據《明熹宗實錄》記載,前後兩次修建共用銀150餘萬兩。這還不算嘉靖時營建玄宮的費用。如算上嘉靖年間營陵的費用,其總用度至少在200萬兩以上,幾乎相當於隆慶朝時一年的財政總收入(隆慶年間歲入約230餘萬兩)。由於營建昭陵需要龐大的錢糧開支,工部庫銀匱乏到了極點。萬曆二年(1574年)八月修繕涿州橋,工部拿不出銀兩,兵部派不出軍匠,不得不由輔臣張居正請求明神宗懇請母親解囊捐銀,雇工修建。

八月二十二,遷孝懿皇后李氏棺槨葬昭陵,九月十九, 明穆宗朱載坖的棺槨也葬入陵內。像這樣利用為別人所建的玄宮埋葬帝後的,在明代還是第一例。

明熹宗朱由校

文盲天子誤國家

　　明熹宗朱由校是明朝歷史上的第十五位皇帝，是明光宗朱常洛的長子，於明光宗泰昌元年（1620年）九月初一繼位，第二年改年號為「天啟」，史稱「天啟帝」，朱由校在位7年，因嬉樂過度成病，服用「仙藥」而死，終年23歲，葬於德陵（在今北京十三陵）。

　　朱由校皇帝一生在位7年，在中國歷代帝王中最善於木工。據說，在建造房屋與木工、油漆工藝方面，朱由校的水平很高，「巧匠不能及」。朱由校將他的所有心智，都放在自己的玩樂中去了。也正因此，魏忠賢才有可能在天啟一朝中專權。

　　朱由校曾製成過一座小巧玲瓏的乾清宮模型和五間蹴圓堂模型，被譽為「天才木匠」。然而，朱由校所受到的教育極少，幾乎可以說是文盲，根本不喜歡處理朝政，他寵幸太監魏忠賢等人，致使他統治期間成為明朝歷史上最黑暗的一個階段。

明熹宗「裸檢」選妃祕密

「裸檢」是皇家祕密，作為一種制度，一直存在於各朝宮妃採選過程之中。《漢雜事祕辛》所記未必是東漢時宮妃選拔的實情，紀曉嵐筆下卻彌補了一份遺憾。

在楊慎所處的明代，女子入宮前體檢也極其嚴格，甚至到了苛刻的地步，連一根體毛都要看仔細。

清代文人紀曉嵐所著的《明懿安皇后外傳》中，詳細記下了明熹宗朱由校選妃子的全過程。

張嫣是河南祥符縣人，天啟元年，朱由校16歲，到了大婚的年齡。明朝皇帝16歲大婚，這也是明太祖朱元璋定下的規矩。當時，由司禮監秉筆劉克敬任總管婚事，先期在國內挑選出了一批年齡在13歲至16歲的女孩。官方當時發了路費，讓她們的父母親自陪送到京城備選，於當年的正月集合。

當時送達京城的女孩有5000人，張嫣也在其中。

第一步初選時，僅從外表上大概檢查了一下，由太監負責。100名一組，按年齡大小站好。太監從她們面前走過，高一點的，矮一點的，胖一點的，瘦一點的，全都不要，這樣被刷去了1000人。

第二步，進行五官檢查，仍由太監負責。與頭一天那樣，百名一組站好，細看每一女孩的耳、眼、嘴、鼻、頭髮、皮膚、腰圍、肩寬等，只要有一地方不合格的，哪怕身上長顆黑痣，都要

淘汰。又讓女孩報家門，聽其聲音如何，是不是結巴。這樣，又刷去了2000人。

第三步，借用工具測量身體是否符合比例，看其氣質如何。凡是手腕粗短的，腳趾肥大的，舉止輕浮的，都不能過關。這樣，再被刷去1000人。

第四步——「裸檢」。餘下的1000名女孩全部召入宮中，以備後宮之選。由年老的女官帶到密室，摁摁乳房，查看長得挺不挺；聞聞腋下，有沒有狐臭。最後摸遍全身，試試長得是否發達。這樣，又刷去了700人。

第五步，長期觀察，重在性情。300名精選下來的女孩留在宮中生活一個月，以觀察其生活習性、說話態度、智力高低、人品如何。前面的四道程序重在觀察「體」，這一關重在「德」和「智」。選出了德、智、體全都優秀的女孩50名，最後全部當上了朱由校的妃子。

5000人裡，最後選出了50人，這麼算來，正是俗話說的「百裡挑一」。有明一朝，估計都是採用如此「淘汰法」，才選出宮妃的。

朱由校為何寵信魏忠賢

早在明神宗萬曆年間,明熹宗朱由校的父親明光宗朱常洛不為其祖父明神宗所喜歡,他這個皇孫自然也在明神宗的視野以外。明清史專家說:「熹宗為至愚至昧之童蒙。」有人甚至認為明熹宗朱由校是「文盲天子」,「一字不識,不知國事」。

由於沒有文化,朱由校發布命令指示,只能靠聽讀別人的擬稿來決斷。朱由校又不願意全聽別人擺布,往往不懂裝懂,一紙草詔、半張上諭,經多次塗改,往往弄得文理不通,頒發出去,朝野人士看了啼笑皆非。

在東林黨人的支持下,朱由校革除了明神宗末年的一些弊政。儘管這些努力使當時的吏制與以往相比稍顯清明,但是東林黨人在決定國家大政方針、革大弊興大利等方面毫無作為,因而明神宗末年的狀況沒有得到根本的改變。

當然,這也不能全怪東林黨人,更為重要的原因是明熹宗朱由校所受到的教育極少,幾乎可以說是文盲,整日痴迷於做木工、鬥蟋蟀等事情,根本不喜歡處理朝政。

就在東林黨人竭盡全力輔佐朝政的時候,後宮太監魏忠賢在明熹宗朱由校的乳母客氏的幫助下,逐漸贏得了朱由校的信任,以至於最後擅權專政,對國家的政治、經濟秩序造成極大的破壞。

相對前代的宦官專權者王振、劉瑾、馮保等人來說,魏忠賢

明熹宗

毫無文化修養,而且品德全無可稱之處。對於以經術治國的大明王朝來說,統治者的素質決定了天啟一朝可能是最黑暗的一個階段。

魏忠賢受寵於朱由校,原因也是他在朱由校很小的時候就開始侍奉朱由校,相信每一個人都可以理解。例如,光宗即位,就用當初在慈慶宮中服侍他的太監王安出任司禮監掌印太監。魏忠賢在明神宗萬曆十七年(1589年)入宮為太監,隸屬當時的司禮監掌東廠太監孫暹。

據說,皇孫朱由校出生以後,魏忠賢「謹事之,導之宴遊,甚得皇太孫歡心。」朱由校很小的時候,魏忠賢就很討朱由校的喜歡。而且,通過太監魏朝的介紹,魏忠賢成為朱由校生母孝和王太后宮中專門主管膳事的太監。

後來,朱由校成為太子後,魏忠賢通過朱由校乳母客氏的幫助,就正式成為東宮典膳了,也就變成未來皇帝朱由校身邊最親近的太監了。

從明神宗萬曆十七年(1589年)入宮,到明光宗泰昌元年(1620年),整整31年,魏忠賢才有機會成為皇帝身邊的紅人。

在朱由校正式登基之前，幾乎所有與朱由校有關的人物，都是魏忠賢刻意結納的對象，如朱由校的乳母客氏，養母李選侍，太監王安、魏朝。

所以，朱由校即位以後，魏忠賢就一躍而成為宮中太監中的第二號人物——司禮監秉筆太監兼掌東廠太監，地位僅次於先皇朱常洛的近侍王安。

據朱長祚《玉鏡新譚》記載，魏忠賢本名李進忠，原是河北肅寧縣一市井無賴，娶過妻子，有一個女兒，後因為吃喝嫖賭蕩盡了家財，才自宮做了太監。

魏忠賢「形質豐偉，言辭佞利」，能挽強弓、射奇中，有膽氣，家無餘財而敢一擲千金，又喜歡彈棋、蹴踘，嬉遊於青樓翠袖之間。這些早年的經歷，成為魏忠賢後來侍奉皇帝的優越條件。而且，無論魏忠賢後來如何地專權，但對於明熹宗朱由校本人，他卻是忠心耿耿。

這其實也是明代太監專權的一個特徵。對於明熹宗朱由校，魏忠賢「服勞善事，小心翼翼。」這也是為什麼朱由校要在天啟二年（1622年）給他賜名「忠賢」的原因。

一些史料中說，魏忠賢得寵於明熹宗朱由校的原因，還在於魏忠賢善於房中之術，所以經常能與客氏一起指導朱由校淫樂。這種事情，在明代太監中實在是平常。而魏忠賢小心翼翼的服侍，以及對於朱由校身邊親密之人的結納，更使他能在天啟一朝成為一個大國的實際主宰者。

終朱由校一生，他對魏忠賢的眷愛始終不替。朱由校的詔旨中，經常會出現「朕與廠臣」如何如何的文字，一點也不忌諱將魏忠賢與自己相提並論。

在外廷，魏忠賢培植了一幫無恥文臣，外廷的文臣，多半是

魏忠賢的走狗，例如崔呈秀、魏廣微等人。魏忠賢勢力最盛的時候，外廷有「五虎」「五彪」「十狗」「十孩兒」「四十孫」，佔據著政府重要的部門，「自內閣、六部至四方總督、巡撫，遍置死黨」，形成所謂的「閹黨」。

後來，明思宗崇禎二年（1629年）中所定的逆黨名單中，共計內外廷各類官員315人。可以想見，當一個如此龐大的官僚集團集中在魏忠賢的周圍，而皇帝朱由檢本人卻不理朝政，魏忠賢要引導皇帝、蒙騙皇帝，從而達到自己專權的目的，簡直是太簡單了。

明熹宗天啟六年（1626年），在浙江巡撫潘汝楨的提議下，在全國竟然掀起了為魏忠賢建生祠的高潮。還有無恥的生員陸萬齡竟然提議讓目不識丁的魏忠賢配祀孔子。魏忠賢的專權，儘管是由於個人得到皇帝朱由校的寵愛與授權，但是，沒有龐大的閹黨集團的支持，天啟年間的宦禍，不可能演變得如此之烈！

另一方面，魏忠賢與朝中一些文臣，如崔呈秀等人相勾結，排擠東林黨人，逐漸控制了內閣、六部，使他能以皇帝代言人的身分出現於朝廷，掌握了生殺予奪的大權，造成空前的宦官專政。凡正直的大臣，都被以東林黨的罪名慘遭殺害。東林黨人被貶、被殺的不計其數，其中最著名的當屬以楊漣、左光斗為首的「東林六君子」。

「東林六君子」為了能夠扳倒魏黨，作了很多努力，也是魏忠賢最痛恨的人。當時，「東林六君子」有的已經告老還鄉，有的還在任上，最後均被魏忠賢投入監獄，嘗盡了人間酷刑。

魏忠賢不僅殘酷地排除異己，而且加深了對百姓的盤剝，使得政治極度黑暗，民不聊生，國內各種社會矛盾激化，最終爆發了明末農民大起義。與此同時，山海關外來自遼東的後金政權步

步進逼，使明王朝面臨末日。

在魏忠賢大肆組建宮外政治黑手黨的同時，客氏也在宮內開始了大清洗。客氏不光弄死了「頂級對手」張皇后所生的三男兩女，對於其他的嬪妃也是想殺就殺、想廢就廢。

也就是在此時，日後的崇禎皇帝朱由檢和魏忠賢及客氏結下了一道無法化解的仇恨。魏忠賢和客氏更成了明思宗朱由檢心中最大、最可恨、最不能容忍的敵人。在日後與二人的鬥爭中，脾氣急躁的明思宗朱由檢竟能悉心隱忍、一朝而發便毫不留情，可以說幼時的仇恨起到了重要的催化作用。

而對於此時的魏大太監來說，時代帶給了他意想不到的榮光顯耀，但也為他日後的命運埋下了伏筆——因為他得罪了一個更可怕的對手明思宗朱由檢。

朱由校的皇后下落何方

天啟元年（1621年）二月初三，即位不久的明熹宗朱由校大婚，納祥符縣張國紀女為中宮，並在四月正式冊立，即後來的懿安皇后。張氏名嫣，小字寶珠，性情頗為嚴正。在明代後期混亂的局勢中，張皇后卻始終清醒。例如，在天啟朝，張皇后非常討厭魏忠賢與客氏，對於魏忠賢的野心也深有提防；在崇禎一朝，張皇后受到明思宗朱由檢的尊敬和禮遇，而且對於朝中的大臣如周延儒等人的欺上罔下行為非常厭惡。在百姓的眼中，張皇后有著極好的聲望。因此，當李自成的農民起義軍攻進北京城後，入宮的李岩第一個想到要保護的人便是張皇后。

張皇后入宮之時，年15歲，體態頎秀，相貌豐整。入宮之後，張皇后十分厭惡客氏。一次，張皇后召客氏於宮中，欲繩之以法。此事使客氏和魏忠賢非常害怕，總想借機報復。

於是，魏忠賢指使手下散布謠言，說皇后張嫣是盜犯孫二的女兒，而不是張國紀的女兒；孫二因為犯有死刑，就將女兒托付給生員張國紀。所以，張國紀將這段隱情不據實反映，犯有欺君之罪。順天府丞劉志選彈劾張后的父親張國紀，御史梁夢環也乘機興風作浪。幸好，朱由校唯一理智的地方，似乎就是尚存有一份夫婦之情，不至於因完全沒有證據的流言而懲辦張皇后，而相反是果斷地下旨譴責劉志選，從而使閹黨不敢妄動。

從張皇后那邊看，魏忠賢就像是秦代的趙高，是一個陰險的

宦官。有一次，朱由校去見張皇后，見桌上一本書，便問：「什麼書呢？」張皇后說：「《趙高傳》。」明代內宮后妃，所必讀之書是明太祖朱元璋命儒臣編定的《女誡》，其要義即禁止後宮干政，《趙高傳》之類的史書並不是宮中后妃所必讀或應當讀的。

張皇后此舉，自然大有深意，即想以趙高來比喻魏忠賢來提醒朱由校。朱由校當時的反映是「嘿然」，不吭聲。但是，魏忠賢得知此事後，大怒。第二天，朱由校在便殿搜出幾個人帶著兵刃。此事自然非同小可。朱由校本人也大驚，命令將這幾個人交給東廠審訊。

於是，司禮監秉筆兼掌東廠太監魏忠賢便借機誣告張國紀，說張國紀想弒君，然後立信王朱由檢為皇帝。這一陰謀一旦得逞，則張國紀、張皇后、信王朱由檢將無一幸免，而魏忠賢也一舉除掉了所有對手。但是，當魏忠賢把這件事和他的親信王體乾商議的時候，王體乾提醒魏忠賢說：「主上凡事愦愦，獨於夫婦、兄弟間不薄，一不慎，吾輩無遺類矣。」魏忠賢聽後也心中暗驚，於是遂將那幾個人處死，殺人滅口，化解了此事。

後來，張皇后在信王朱由檢即位一事上，起了很大的作用。明熹宗朱由校臨死前不久，對張皇后說：魏忠賢告訴我說後宮有二人懷孕了，以後生男就立為皇帝。張皇后表示反對，認為應當早立信王朱由檢。朱由檢想推辭，張皇后自屏風後走出，說：「皇叔義不容辭，且事情緊急，恐怕發生變故。」信王才願意繼承皇位。朱由校對於張皇后，始終愛惜。朱由校臨死之時，將張皇后托付於弟弟信王朱由檢，命曰：「中宮配朕七年，常正言匡諫，獲益頗多。今後年少寡居，良可憐憫，善事中宮。」

此後，朱由檢對張皇后確亦非常敬重。有一次，明思宗朱由

檢的皇后周氏對思宗說周延儒人品如何不行，思宗心中不滿後宮議論朝政，問周氏怎麼知道，周氏以張皇后對，思宗遂無言。

不過，在遍布魏忠賢和客氏爪牙的後宮中，張皇后還是遭到客、魏二人的暗算。天啟三年（1623年），張皇后有孕。魏忠賢和客氏密令宮女在為皇后捶腰的時候下重手。一個年方18歲的皇后，哪裡明白這些道理。宮女們按魏、客的吩咐，「捶之過猛，竟損元子。」

這一事，後來成為楊漣彈劾魏忠賢的第十條罪狀。清代學者查繼佐在《罪惟錄》中說，張皇后敢於在當時陳《趙高傳》於幾案，就說明她的「不慊」的勇氣，然而「即以慊風諸妃，萬不能實諸妃妊，他日稱皇太后也，惜也。」談遷也說，儘管張皇后謙而不妒，使妃子們都能接觸到皇帝，但是卻不能保全諸妃的生育，以致自己也無法在天啟以後做皇太后，真是可嘆。這樣的批評，應當說是苛求了。在當時的情形下，張皇后能保全自己，已經是她不膽怯的最好結果了。

據說，李岩入宮，令宮女扶張皇后上座，行九拜之禮，令人護衛。當天晚上，張皇后自縊而死。從這一點來說，皇后張嫣的性情「嚴正」，確是事實。

明亡之後，有一個自稱張皇后的女子向清朝投降。對此，清代學者朱彝尊曾作了一番辨別，說：「魏忠賢養女任氏，送給熹宗，被立為貴妃。農民軍攻進北京後，流轉民間，詐稱熹宗皇后。被送往官府，光祿寺每月供養。人們所以都說熹宗張皇后失節。沈冤莫雪，故附白之。」

從《明史》的記載看，張皇后確實是在大順農民起義軍進城之後自縊而死，時年38歲。

明思宗朱由檢

生不逢時深宮恨

　　明思宗朱由檢是明朝歷史上第十六位也是最後一位皇帝，是朱由校之弟。天啟二年（1622年），朱由檢被封為信王。明熹宗天啟七年（1627年）八月，朱由校去世後，由於沒有子嗣，按照兄終弟及的說法，信王朱由檢受遺命入繼皇位，改第二年為崇禎元年，故後世稱明思宗朱由檢為崇禎帝。

　　明思宗朱由檢一生共在位17年，是明朝歷史上一位很有作為的皇帝，即位後勤政治國，欲挽狂瀾於既倒，但是他生不逢時，終成亡國之君，很值得後人追思。

　　明思宗朱由檢可能是明代皇帝中性格最為複雜的一個。正如一位學者所言，在朱由檢身上，機智和愚蠢，膽略與剛愎，高招與昏招，兼而有之。當然，複雜性格的背後，是複雜的政治形勢。農民大起義、後金軍隊的入侵、災荒、大臣之間的黨同伐異，都是讓朱由檢頭痛的難題。處理這樣的難題，成功或者失誤都屬於正常。

　　因此，一方面，一個勤政、自律、立志有為的皇帝朱由檢無奈成為亡國之君，固然使人同情；另一方面，朱由檢用人之拙、疑心之重、馭下之嚴，卻正是加速了明王朝覆亡的催化劑。

朱由檢為何要「南遷」

平心而論,在當時的情況下,「南遷」似乎是擺脫困境唯一可供選擇的方案。長江中游有左良玉十萬大軍,下游又有江北四鎮(四個總兵)的軍隊扼守長江天塹,南京比北京要安全得多,即使北方陷落,偏安於江南,還是有可能的。

問題在於,「南遷」意味著放棄宗廟陵寢,難以啟口,必須有內閣、六部的重臣出來力排眾議,形成朝廷一致的共識。遺憾的是,那些大臣都怕承擔罵名,不敢提倡「南遷」。正月初九,他向內閣六部大臣提出「朕願督師」時,大臣們爭先恐後表示願意「代帝出征」,沒有一個人提到「南遷」。

然而形勢越來越緊急。李自成進軍山西後,發布聲討明朝的檄文,其中的警句——「君非甚闇,孤立而煬蔽恆多;臣盡行私,比黨而公忠絕少」,引起了極大的震動。儘管李自成說「君非甚闇」——皇帝並不壞,朱由檢還是頒布了一道「罪己詔」,深刻地為國家危亡而檢討,一再聲稱都是朕的過錯。他的本意是想凝聚日趨渙散的民心,欲挽狂瀾於傾倒。可惜的是,事已至此,空話已經於事無補了。

朱由檢再次想到了「南遷」,單獨召見駙馬都尉鞏永固(光宗之女——安樂公主的丈夫),向這位皇親國戚徵詢救急對策。鞏永固極力鼓動皇帝「南遷」,如果困守京師,是坐以待斃。

不久,李明睿公開上疏,建議「南遷」。他說,如果皇帝

「南遷」，京營兵可以護駕，沿途還可以招募數十萬士兵。山東的一些王府可以駐蹕，鳳陽的中都建築也可以駐蹕，南京有史可法、劉孔昭可以寄託大事，建立中興大業。北京可以委託給魏藻德、方岳貢等內閣輔臣，輔導太子，料理善後事宜。

朱由檢把他的奏疏交給內閣議論。內閣首輔陳演反對「南遷」，示意兵科給事中光時亨，嚴厲譴責李明睿的「邪說」，聲色俱厲地揚言：不殺李明睿，不足以安定民心。李明睿不服，極力為「南遷」聲辯，援引宋室「南遷」後，國祚延續一百五十年的先例，反覆論證，只有「南遷」才可以有中興的希望。

朱由檢對光時亨的意見很是反感，當面訓斥他是出於「朋黨」的意氣用事，下達聖旨：「光時亨阻朕南遷，本應處斬，姑饒這遭。」態度雖然十分堅決，但是大臣們都緘口不言。

都察院左都御史李邦華是支持李明睿的，他寫給皇帝的祕密奏疏，提出折中方案，派遣太子「南遷」，把南京作為陪都，留下一條退路，維繫民眾的希望。朱由檢看了他的奏疏，贊嘆不已，興奮得繞著宮殿踱步，把奏折揉爛了還不放手。立即召見內閣首輔陳演，對他說：李邦華說得對！陳演是堅決反對「南遷」的，故意向外透露了這個消息，並且鼓動言官猛烈抨擊「南遷」的主張。

朱由檢感受到「南遷」的壓力，立場發生微妙的變化，他再次召見內閣輔臣時，作出了和他的本意大相徑庭的決定：死守北京。他的理由是：如果朕一人單獨而去，宗廟社稷怎麼辦？陵寢怎麼辦？京師百萬生靈怎麼辦？國君與社稷同生死，是道義的正統。閣臣們建議，讓太子「南遷」，延續國祚。

朱由檢反駁道：朕經營天下十幾年，尚且無濟於事，太子這樣的哥兒孩子家，做得了什麼事？先生們乘早研究戰守的對策，

明思宗

其他的話不必再講了。

朱由檢在「南遷」問題上，前後判若兩人，實在是身不由己，關鍵在於內閣首輔陳演堅決反對。陳演也有壓力，不得不乞求辭職。朱由檢在罷免他的前一天，對陳演說了這樣一句意味深長的話：「朕不要做，先生偏要做；朕要做，先生偏不要做。」

對這位輔政大臣的消極輔政，顯得無可奈何。所謂「朕要做，先生偏不要做」的事，就是「南遷」。繼任的內閣首輔魏藻德，更加老奸巨猾，採取明哲保身的態度，對「南遷」不置可否。當鞏永固、項煜提議「南遷」時，他都在場，始終一言不發，用沈默來表示委婉的否定。使得朱由檢感到孤立無援，在龍椅上聳身舒足，仰天長嘆。周皇后為此感嘆不已，她是江南人，傾向於「南遷」，由於無法成行，遺憾地說：可惜政府沒有有力的支持者。一語道破其中的奧祕。

明朝滅亡以後，遺老遺少們提起這段往事，無不欷歔感嘆。計六奇《明季北略》談到「南遷得失如何」，感慨繫之。他說：當李自成由陝西進入山西，勢如破竹，只有「南遷」這一對策，或許可以稍微拖延歲月。而光時亨以為是「邪說」，致使「南遷」不成，天下百姓恨之入骨。他還說：先帝以身殉國後，假如光時亨也能夠殉國，雖然不能夠救贖他的「陷君」之罪，或許可以還他一個清白，但是他竟然躬身投降李自成。這種卑劣的表現，即使碎屍萬段也不能謝先帝於地下。

由此可見，反對「南遷」的人鼓吹「守國」，其實是企圖借此孤注一擲，來為自己沽名釣譽，而並非忠君。相反的，主張「南遷」的李邦華卻以身殉國，證明了「南遷」之議，出發點是為了挽救危機，而不是為了躲避死亡。

計六奇的評論精彩之極，對光時亨的抨擊，對李邦華的贊譽，是無可非議的。無怪乎當時有人懷疑，光時亨反對「南遷」，是接受了李自成的「密旨」，充當內奸，理由是，李自成進入北京後，他率先投降，不免令人懷疑。

美國漢學家魏斐德的《洪業──清朝開國史》，談到「南遷」不成時，有這樣一段透辟的分析：

這對後來清朝佔領北京時的形勢產生了深遠的影響。清朝比較完整地接管了明朝的中央政府，擁有了他們最缺乏的東西，由此接手了明朝幾乎全部漢族官吏，依靠他們接管天下，並最後征服南方。崇禎帝的決定還導致諸多皇室宗親繼承權利的曖昧不定，以致派系傾軋，削弱了南明政權。

此外，反清復明陣營也因此少了一批立志收復失地，光復北方家園的北方人。崇禎這一自我犧牲的決定，就這樣最終毀滅了後來復明志士堅守南方的許多希望。

朱由檢子女流散何方

　　明思宗朱由檢的子女不幸生在了末代帝王之家，這就注定了他們悲劇的命運。

　　相比較而言，明思宗朱由檢的女兒後來的下落倒還比較清楚。這是因為，明思宗朱由檢在決意自縊之前，為了不讓自己的女兒受辱，曾先後對自己的兩個女兒下毒手。即使僥倖生還，也決無法遁逸。

　　武俠小說常偽托的長平公主，實際上死於清世祖愛新覺羅·福臨三年（1646年）。明思宗朱由檢總共有六女，其中四女早逝。明思宗崇禎十七年（1644年），明思宗朱由檢還有兩個女兒，即長平公主和昭仁公主。明思宗朱由檢自殺前，入壽寧宮，長平公主牽衣而哭。崇禎帝說：「汝何故生我家？」揮劍砍去，斷長平公主左臂，昏死過去。接著，明思宗朱由檢入昭仁宮，砍殺昭仁公主。長平公主昏死後，被人抬到周皇后的父親周奎家中，五天後竟然甦醒過來。

　　清世祖愛新覺羅·福臨二年（1645年），長平公主上書給福臨，請求准予出家。福臨不同意，命將長平公主許配給當初明思宗朱由檢為她選定的駙馬周顯，並賜給土田、府邸、金錢、車馬。但長平公主經歷家破國亡之痛，鬱鬱寡歡，次年就逝世了。

　　明思宗朱由檢共有7個兒子。除了前文講的三個兒子外，其他的兒子都已早逝。與對待女兒的方式不同，朱由檢在死前命皇

太子、皇三子、皇四子分別藏匿於公卿貴戚家中。太子來不及去成國公府，便隱匿於民間，定王和永王一齊去了周皇后的父親周奎家。三月十九，李自成進城，命令搜尋太子與定王、永王。二十日清晨，嘉定侯周奎將定王、永王交出。

太子據說亦被李自成的軍隊搜獲。太子與闖王李自成之間還有一段對話。太子挺立不屈，談吐自如，問李自成說：「何不殺我？」闖王說：「汝無罪，我豈妄殺！」太子說：「既然這樣，聽我一句話：一是不可驚我祖宗陵寢，二是速葬我父皇母后，三是不可殺我百姓。」四月十三，李自成東征吳三桂時，定王、永王隨軍前往。據說，太子當時也在軍中。

據《明史》記載，李自成曾封太子為宋王。此後，太子、定王、永王的下落都不清楚，或說曾被吳三桂奪去，或說定王曾在城南遇害。

崇禎十七年冬月，北京出現了皇太子；清世祖愛新覺羅・福臨二年（1645年）南京的南明小朝廷中亦出現皇太子。無疑，兩位皇太子中必有一假。

崇禎十七年冬月的北京城，已經牢固地掌握在清朝的手中，然而，一個貌似太子的男子在一位太監的陪同下出現在嘉定侯周奎府中，自稱皇太子。當時在周奎府中的長平公主見後，兩人抱頭痛哭。單看這一節，想來太子應該是真的。否則，以長平公主之心如死灰，何以會與一個陌生男子抱頭痛哭？而且，長平公主與太子都是周皇后所生，乃是一母同胞的姐弟，怎麼可能認錯呢？周奎舉家向太子行君臣之禮，並問太子：「你一直藏在哪裡？」太子回答說：「城陷之日，我單獨藏匿在東廠門外。一日夜出，潛至東華門，投身於一個豆腐店裡。店小二心知我是避難的人，給我穿上舊衣服，讓我在灶前燒火，又害怕我暴露，五天

之後將我送到崇文門外的尼姑庵中,在那裡假裝貧困無依的孤兒住了半個月。常侍(太監)來尼姑庵,發現了我,又把我帶回家,藏在密室裡。聽說公主還在,所以就來相見了。」說完,與公主哭別而去。

幾天之後,太子又來了,公主告誡他說:「慎毋再至矣。」也許公主明白,三月份周奎既然能把皇三子定王和皇四子永王交給李自成,這次也許會再出賣太子給清朝。果然,冬月十九太子再來,周奎留宿太子。廿二日,他要求太子自稱姓劉,是一個假太子。太子說:「悔不從公主之言,今已晚矣。」當晚,周奎令家人將太子逐出門外。太子出門後,被巡邏的清兵以「犯夜」罪逮捕,交給刑部審理,斷為假冒太子。主審的刑部主事錢鳳覽找來原司禮監太監王德化、原錦衣衛10名侍衛太子的錦衣衛來辨認,都說是真太子。侍衛們還下跪說:「此真太子,願毋傷。」於是錢鳳覽上書朝廷,指責某些明朝的官員以真太子為假太子。周奎等人竟然還說:「即以真為假,亦為國家除害。」這位昔日的國丈,似乎已完全將自己的角色轉換成一個新的「大清國」的臣民了。

最後,攝政王多爾袞出面,宣布將太子押於監獄,後來被處決於獄中。凡說太子為真的臣工都被處罰,錢鳳覽處以絞刑。

這件事情詳細地記載於《甲申傳信錄》,與《明史》中李自成封太子為宋王的情節有所出入。而且,清人所編的《明史》中也未提及這一次在北京出現的太子,而只提及南明小朝廷中出現的皇太子事件。《明史》是不是故意迴避這一次事件呢?

那麼,南京出現的皇太子事件是怎麼樣的呢?

清世祖愛新覺羅・福臨二年(1645年)三月初一,太監李繼周奉弘光皇帝朱由崧之御札,將盛傳正流落於蘇州、杭州的皇

太子接到南京。據說，太子本不願去南京，行前曾問李繼周說：「迎我進京，讓皇帝與我做否？」李繼周說：「此事奴婢不知。」皇太子入南京後，被安排在興善寺暫住。弘光帝派兩名太監去見太子，辨認真偽。兩人一見太子，就抱頭慟哭，脫下衣服給太子穿。弘光帝得知之後，大怒，說：「真假未辯，何得便爾。」接著便處死了兩名太監，並殺了李繼周滅口。原總督京營太監盧九德也來探視，正視良久，不敢表態。太子呵斥道：「盧九德，汝何不叩首？」盧九德下意識地跪下便叩首，說：「奴婢無禮。」太子說：「你才隔多長時間，肥胖至此，可見在南京受用！」盧九德只敢叩頭：「小爺保重。」盧九德向弘光帝的報告是：「有些相像，卻認不真。」

皇太子在南京的消息傳出去之後，引發了弘光朝的政治危機。處於長江中游的左良玉，就以護太子的名義進逼南京；在江北的黃得功、劉良佐等總兵也上疏要求善視太子。但是，弘光帝深知，如果太子是真，自己撿來的皇位可能就不保了。因此，在他的佈置下，辨認工作慢慢地便朝「假太子」的方向轉移。尤其是曾經充任太子講官的王鐸，更是一口咬定太子是假。

最後，審訊的結果是：假太子真名叫王之明。接下來的審訊過程頗有意思。三月初八，一審問官指太子為王之明，太子說：「我南來，從不曾說自己是太子，你等不認罷了，何必更名改姓？李繼周持皇伯諭帖來召我，非我自來者。」三月十五，都察院左都御史李沾提審。李沾大喊王之明，太子不應。李沾怒道：「為何不應？」太子說：「何不喊『明之王』？」李沾大怒，吩咐用刑，太子高呼皇天上帝。當時，南京士民都說弘光朝廷欲絕先帝血脈。因此，到最後弘光政權雖然不承認太子的真實性，卻也不敢加害太子。

五月初十，清軍大舉南下，弘光帝逃到了太平府。南京市民衝入監獄，毆打王鐸，放出太子，並擁太子登上皇位。只可惜5天之後，清軍即進入南京城。

　　當時，清軍的統帥多鐸問：「太子何在？」投降的弘光朝大臣們說：「太子是假的，真名叫王之明。」多鐸笑道：「逃難之人，自然改姓易名，若說姓朱，早就被你們殺了。」一名降臣說：「太子原也不承認自己叫王之明，是馬士英安排下的。」多鐸笑道：「奸臣！奸臣！」

　　五月二十五 ，多鐸設宴招待剛擒獲的弘光皇帝，並將他的位置安排在皇太子之下。皇太子對弘光帝說：「 皇伯手札召我來，反不認，又改姓名，極刑加我，豈奸臣所為，皇伯或不知？」弘光帝支支吾吾，不敢出聲。

　　幾個月以後，多鐸將太子和弘光帝都帶往北京，隨後都被清廷處死。

第二篇 回眸大清帝王的如煙祕史

清太祖努爾哈赤

鐵血汗王情商低

　　愛新覺羅·努爾哈赤於明世宗嘉靖三十八年（1559年）出生在赫圖阿拉的女真部落中，努爾哈赤的父親塔克世是女真貴族。

　　明神宗萬曆二十一年（1593年），努爾哈赤統一了西海女真各個部族。明神宗萬曆四十四年（1616年）努爾哈赤建國號為「金」，自稱「奉承天命撫育列國英明汗」，定年號「天命」，在赫圖阿拉定都，歷史上稱為「後金」。這一年的正月初一，努爾哈赤舉行了隆重的登基儀式，封賞諸部族，並下令全城歡慶，正式建立了女真人自己的政權。清太祖天命十年（1625年），努爾哈赤將「後金」的都城遷到瀋陽，並將瀋陽更名為「盛京」。之後，努爾哈赤進行了一系列的改革，包括「計丁授田」「按丁編莊」等，由此完成了後金政權從奴隸制向封建制的過渡。

　　清太祖天命十一年（1626年），努爾哈赤在寧遠之戰中被袁崇煥打敗，在戰鬥中被炮炸傷，並於這一年七月到清河溫泉療養，因為病重，在返回瀋陽的途中去世，終年68歲。

帝從何來：努爾哈赤身世大揭祕

愛新覺羅‧努爾哈赤是大清朝的第一個皇帝，他來自東北的女真部落。那麼，愛新覺羅家族又來自哪裡呢？有一段美麗的傳說，據說在很久以前的遠古時代，東北長白山上有一個深潭，也就是今天我們看到的天池，在天池東北60里外的一座布庫里山，山下有一個叫布勒湖里的池。

一天，上天的三位仙女到布勒湖里池中洗澡，最大的仙女名叫恩固倫，二姐名叫正固倫，最小的仙女名叫佛固倫。她們都在池中盡情地沐浴，當沐浴完畢準備上岸時，一隻喜鵲口銜紅果的喜鵲飛來，並將紅果放在佛固倫的衣服上，佛固倫看到紅果鮮艷欲滴，於是將它含在口中，併吞下。不久之後，佛庫倫懷孕了。

後來，佛固倫在人間生下一個男孩，這個男孩與其他孩子不同，生下來就能說話，體貌奇異，而且沒有過多久便長

努爾哈赤

大成人。佛固倫對他說：「你是上天派到人間的，派你來的目的是平定叛亂，今後愛新覺羅就是你的姓氏。」說完，給了兒子一支小船，自己便凌空而去。

佛固倫飛走之後，他的兒子乘著母親送自己的小船，按照母親指引的方向來到有人居住的地方，並折柳枝作為椅子，坐在上面，這個地方有三個姓氏的首領在爭鬥，當來河邊挑水的人看到有人坐在用柳條編製的椅子上時，他們立刻回去告訴眾人，大家趕來看到後，驚奇地詢問這個奇異的人，此人回答：「我是天女佛固倫的兒子，上天命我來平定你們的叛亂，我姓愛新覺羅，名叫布庫里雍順。」

眾人聽到後，將其抬回住所，並共同推舉他為國王，還把百里的女兒嫁給他為妻。從此，三個姓氏之間的爭鬥結束了，在長白山的東面建立了國家，並定國號為滿洲。愛新覺羅·布庫里雍順就是滿洲國和愛新覺羅家族的始祖。

當然了，上面故事只是「傳說」而已。

愛新覺羅家族究竟來自何方，至今說法不一。

組織性強：努爾哈赤八旗軍的戰力陡增祕聞

努爾哈赤帶領的八旗軍之所以形成巨大的戰爭能力，是因為組織性強。組織性強弱取決於大酋長的權威度，權威越大組織力度越大。大酋長們的權威越大其強制性的權力越大，形成了「汗」這個最高首領就更顯其強制性權力的巨大。此時構成對他威脅的不是部眾，因為部眾已經沒有權力、能力與之辯駁長短，能與之抗衡的是與其擁有同等勢力的其他汗王。

大酋長們對下形成強制權力，就是出現「汗」這個強制權力最高點，出現時間當在嘉靖年間，前此開始了強制權力與軍事民主矛盾的激烈衝突，反覆衝突的過程不斷加強汗王的權威。

從史實上看女真汗王在對部眾的約束力上一個比一個更強。嘉靖八年三月，建州衛酋長李沙乙豆約束部眾不許侵犯朝鮮時，靠將犯者捕送朝鮮的辦法，因為他沒有權力處死這些人。「在前朝廷常厚賞我功，故我亦盡情為之，如末應山、阿敬伊等皆已捉送矣。」（《李朝中宗實錄》卷六十五癸丑條）

萬曆二十四年二月，李朝官員陪同明朝官員走進努爾哈赤的汗王城，努爾哈赤組織了歡迎的儀式：「忽忽領騎兵二百候於道旁，老乙可赤副將領騎兵三千餘名整立道下，或帶弓矢或持槍杖，部軍六千餘名成三行列立。相公進迫陣前，有一騎不意高

聲，騎軍整立不動，而相公一行及我國人等驚慌失色，胡人拍手大笑。」努爾哈赤的軍隊管理得如此規整令李朝官員膽戰心驚。

努爾哈赤的軍隊之所以如此嚴整，在於平時的訓練管理。不僅經常「聚兵」、「習陣」，而且還要「點閱戰騎，瘦瘠者決杖，後屠殺牛羊犒軍，老酋面目親自目觀云云。」（《李朝宣祖實錄》卷七十二丙寅條，卷八十七壬戌條）不但治軍有法，而且戰陣上指揮有方督軍更嚴。萬曆四十年二月，「奴酋則有節制，一步不得退，非忽部之比，豈聞炮聲而退乎。後忽部竟並於奴胡，西虜始大。」

努爾哈赤的軍隊分作前鋒、馬隊等各個部分，各司其職，臨戰狀態下誰不盡責就立地處死。如前鋒，都披重鎧冒敵人箭射刀砍，身後才是善射的弓箭手，不管敵人的反攻多麼猛烈，沒有指令前鋒不能退後一步，必須繼續前進，否則統領前鋒的人就砍死敢停步不前的人。前鋒就是敢死隊，缺一個立即補上一個，努爾哈赤建立起來的紀律鑄就了無往不勝的軍隊。

在女真各部互相兼並的過程中，不僅較量首領們的智慧，還較量對軍隊的管理訓練，在戰場上就體現在誰的約束力強誰的戰鬥力就強，誰就能戰勝對方，努爾哈赤比布佔泰有更好的約束部眾的辦法，所以最終戰勝布佔泰而兼並兀拉部。酋長對部眾約束越嚴，在戰爭過程中越顯戰鬥力。而酋長一旦抓到了約束部眾的權力就決不會放鬆，哪怕在非戰爭的時候，這樣部眾必然產生對抗情緒。萬曆四十二年六月，「此賊自丁未年到處戰勝，使得熾大。然渠大興土木之役，故其軍丁怨苦，皆思逃避云。」「老酋麾下勇壯百餘名四散逃走，老酋設伏於忽酋要路，使不得通路云。」（《李朝光海君日記》卷五十辛未條二，卷七十九丙午條，卷四十二丁亥條）

努爾哈赤的權力靠兵威，以兵威奪取了一切。「奴酋本性凶惡，聚財服人皆以兵威脅之，人人欲食其肉，怨苦盈路，所待者天降其罰……曾所脅從諸酋亦內懷二心，外示從順……」

努爾哈赤的權威已經漲到了眾人敢怒卻不敢言的地步。相比之下此前也是身為大酋長的李滿住卻對部眾沒有那麼大的約束力。例如，對於部眾侵犯朝鮮，李滿住沒有有效的懲治辦法，只有在偵知準確情況以後，派人通報李朝，李朝派軍隊剿殺，李滿住答應也派軍協助，如此而已。但是努爾哈赤不同，他說，「前日童海老冒入朝鮮之境，同類之胡多至二十七名被殺」，而對於逃回人「家口並為捉來炊飯汲水定罰。」努爾哈赤對朝鮮官員表示：「今後犯於朝鮮城底，朝鮮不為射殺而捉送，我極法斬之。」（《李朝光海君日記》卷二十一辛酉條，卷六十九戊子條）

因此他可以理直氣壯地對朝鮮說：「俺管事後十三年不敢冒犯。」（《李朝宣祖實錄》卷七十三甲申條）

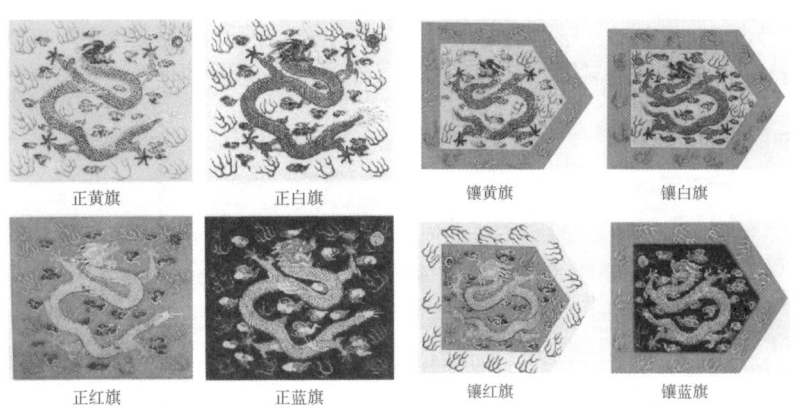

正黃旗　正白旗　　　　鑲黃旗　鑲白旗

正紅旗　正藍旗　　　　鑲紅旗　鑲藍旗

八旗旗幟（一）　　　　八旗旗幟（二）

由於權威的增長，個人意志必然受到傷害，在努爾哈赤的王國裡，出現了「逃人」這個概念，努爾哈赤最憎恨逃跑，在他的刑罰中，懲罰逃人用了最重的極刑，如對一個逃跑的女奴，捉到輪姦後殺掉。他的軍隊除戍邊外還有一個職責就是看護和捕捉逃人。皇太極時期更制定了「逃人法」。

　　這一切都說明隨著權威的增長，逼出了反抗強迫的被動手段——逃跑。努爾哈赤的一個將領曾經氣憤地放火燒掉了自己的家；被皇太極迫害入監的阿敏嘆息自己不應該做人，應該像草、木、石那樣自由地存在。

　　縱觀明代女真人的戰鬥力呈現著快速增長的趨勢，其中原因有兩個：一是鋼鐵的武裝，二是權威制度的成長。鋼鐵製成的刀劍弓矢盔甲武裝了戰鬥員，使他們握有更堅硬更有穿透力的武器，穿上了比同樹木山石一樣掩身的盔甲，能夠離開了傳統的木石掩體，與敵人打交手仗，走出山林打平原仗，使他們在戰鬥中從被動轉為主動。權威制度使他們能夠互相聯合分工協作，有指揮有步驟，築堅城行遠路，實現了大兵團打大仗的作戰目標，使他們的武裝職業化，成為政治勢力。在此基礎上女真人強大起來，並且奠定了邁進人類文明的門檻——形成國家制度的基礎。

紅顏薄命：努爾哈赤最愛的女人祕聞

清太祖戎馬一生的同時也是女人圍繞的一生，從他的結髮妻子青婭，到替姐出嫁的孟古，再到孟古的姐姐東哥，到幾次三番救過他性命的那齊婭，到後來的阿巴亥，還有最後的牧羊姑娘德因澤，沒有一個不對他死心塌地。

青婭——為了他一把火燒了自己長大的佟家莊園，帶出了那五個後來對努爾哈赤忠心赤膽的兄弟，可以說沒有青婭就沒有努爾哈赤以後的輝煌，她是努爾哈赤相依相偎的結髮妻子。

孟古——為了替愛著努爾哈赤弟弟舒爾哈齊的姐姐東哥嫁到了建州，成為努爾哈赤的側福晉，對努爾哈赤從恨和怕到愛和敬，這樣的過程其實一直是伴隨著努爾哈赤對東哥始終不變的真情產生的。

孟古根本無法阻止自己愛上這樣一個英雄，哪怕後來她認為是努爾哈赤殺死了她的兩個哥哥和一個姐姐，這樣的血海深仇曾經讓她將建州的軍情偷報給了自己在葉赫的二哥，卻依然不能改變她對他的愛情，最後她為了兒子皇太極，開始在努爾哈赤晚年的時候爭取他的寵愛，最後在自己心力交瘁的時候，同時也是大汗封她做大妃的時候，去世了，她是努爾哈赤又愛又恨的側福晉和大妃。

東哥——是整個故事中焦點的女人，她是葉赫甚至是整個女真人中最美麗的女人，她像一團火，一開始愛著舒爾哈齊，但是

最後還是被努爾哈赤的熱血激情所感動，不能自拔地愛上了他。說她「紅顏禍水」不如說她「紅顏薄命」。

作為女人，最大的願望莫過於能有一個溫暖的家，有疼愛自己的丈夫，有孩子。可是一旦成為了最美麗的女人，那麼一切就不一樣了，因為想要你的男人太多了，於是那些男人們開始爭鬥，如果只是些市井混混那也好辦，只是愛上東哥的那些人不是旗主就是貝勒，都是有權利的男人，於是爭搶女人，就成了權利的爭搶，那麼戰爭自然就在所難免了。古今中外這樣的例子不用一一列舉，隨手就能拈出幾個。其實女人想要的很簡單，東哥可以算是努爾哈赤一生最愛的人。

那齊婭——是一個難得的既聰明又漂亮的女人，她聰明的才智幫助她幾次救下了努爾哈赤的性命，到頭來卻換來自己父親的死亡和嫁給努爾哈赤的弟弟的命運，雖然有自己的兒子阿敏，但最終阿敏也沒有叫她一聲額娘。她為了努爾哈赤，離開自己的丈夫和兒子，回到前夫大明朝廷的遼東總兵之子的身邊，她的一生像個禮物一樣送來送去，後來她還是有機會和努爾哈赤在一起的，可是女人的尊嚴讓她無法踏出那一步。

她對努爾哈赤的幫助是不能言盡的，直到最後努爾哈赤親征寧遠，她依然在給努爾哈赤一些建議和敬告，只可惜努爾哈赤沒有聽進她最後的忠告，戰死寧遠城，她是努爾哈赤的紅顏知己。

阿巴亥——是個美麗的女人，沒有太多的心機，一開始愛上了膽小懦弱的布佔泰，在被獻給了努爾哈赤以後決心要自己走出來，她抓住了一次機會，終於開始被一向冷落她的努爾哈赤所發現，成為努爾哈赤中後期非常寵愛的女人，為他生下了多爾袞、多鐸還有阿濟格三個兒子，最後沒有逃過成為殉葬的命運，她是努爾哈赤最終的枕邊人。

德因澤──這個牧羊姑娘能走到努爾哈赤的身邊,第一是她像東哥,第二就應該是托了皇太極的福。可是好像女人都逃脫不了努爾哈赤的魅力,最後主動為努爾哈赤殉葬了,這應該也包含著她對皇太極、對人生的失望吧,她只是努爾哈赤用來懷念東哥的一幅「活」畫像。

女人在歷史的畫卷中從來不是主角,但是仔細翻閱,不難發現,其實女人在歷史的進程中也起著不可忽視的作用,或加快或延緩,決定方向不在女人,但是女人發生的那一點點作用還是被男人主宰的世界稱為「紅顏禍水」,將責任推到了女人身上,未免不太公平。

權位相爭：努爾哈赤殺害手足之謎

清太祖努爾哈赤歷經三十餘年，統一了女真各部，創建了八旗制度，建立了大金帝國，人們常將功勞都歸於努爾哈赤。其實，大清國的締造，還離不開他的三弟舒爾哈齊。那麼，努爾哈赤為什麼將一代功臣手足舒爾哈齊殘忍地殺害呢？

努爾哈赤弟兄五人，他是長兄，四弟雅爾哈齊早亡，其餘穆爾哈齊、舒爾哈齊、巴稚喇三人皆先後追隨努爾哈赤起兵征戰，並屢獲戰。舒爾哈齊排行第三，比努爾哈赤小4歲，二人同母所生。自從母親死後，兩人感情更加親密，成為形影不離的好兄弟和好夥伴，在險象環生的環境裡，舒爾哈齊始終是大哥的得力助手。他為努爾哈赤赴湯蹈火，衝鋒陷陣，20歲時成為努爾哈赤身邊最勇敢的戰將。

由於出身十分相近，生活環境也是如此相似，努爾哈赤與舒爾哈齊有著過多的相同之處。他們都很勇敢、頑強，最重要的是，他們還有著相同的雄心。

事實上，舒爾哈齊的權勢和地位，與努爾哈赤不相上下。就在努爾哈赤稱王的同時，他也稱「船將」，處於努爾哈赤的副手地位。

對外，他與努爾哈赤一樣，是建州女真的「頭目」，並數次作為建州女真的代表赴京向明廷朝貢，當時他的勢力已經可以與努爾哈赤相抗衡。

舒爾哈齊手下精兵強將逾萬，自己又因為戰功顯著，頗得民心。因此，在明廷的官書中，常常把舒爾哈齊與努爾哈赤並稱，並冠以相同的都督頭銜，稱他們為「都督努爾哈赤」、「都督舒爾哈齊」。就連近鄰朝鮮人也把他們兩個分別稱作「老乙可赤（即努爾哈赤）」和「小乙可赤（即舒爾哈齊）」，或者稱「奴酋」、「小酋」。

舒爾哈齊的鋒芒外露，是努爾哈赤所不能容忍的，於是他開始冷落，故意貶低舒爾哈齊。由於舒爾哈齊實力不斷增長，他越來越不甘心居人之後，只是礙於兄弟的情誼才勉強忍欲。而努爾哈赤卻無端對其削位奪權，這無疑挑起了舒爾哈齊心中的慾望和怒火。

萬曆二十四年（1596年）元旦，當努爾哈赤設宴款待明朝使者申忠一後，舒爾哈齊立即提出他也要設宴接待，於是有了「兩都督府」的分別宴請。宴會結束後，舒爾哈齊向申忠一說：「如果以後你要送禮，不能忘記我。」從這開始，同根生的兄弟倆已經出現了嫌隙。

萬曆二十七年（1599年），努爾哈赤藉口哈達貝勒孟格布祿背棄盟約，想要娶葉赫美女東哥，於是發兵討伐。舒爾哈齊奉命率領先頭部隊二千人攻城，由於哈達兵事先已有準備，當舒爾哈齊到達城下時，哈達兵已經出城迎戰。

舒爾哈齊正在猶豫是否攻城時，努爾哈赤率領大軍趕到。當他看見舒爾哈齊兵臨城下，卻未發一矢，心中大為不滿。他勃然大怒，呵斥舒爾哈齊靠邊，自己親率大軍攻城。雖然最後哈達城被攻破，但努爾哈赤也付出了慘重的代價。他不僅失去了上千的勇士，也失去了胞弟舒爾哈齊的心。

當努爾哈赤兄弟倆的不和成為公開的祕密時，又發生了一件

意外的事情。先是明朝總兵李成梁的兒子李如柏納舒爾哈齊之女為妾，雙方結為姻親。隨後，舒爾哈齊的妻子病故，李成梁又親自命令手下置辦了20桌酒席，外帶牲畜前往吊祭。舒爾哈齊逐漸成為「擁明」派，這與努爾哈赤期望「叛明」背道而馳。

萬曆三十四年（1606年）臘月，在努爾哈赤已連續幾年都沒有親自到京朝貢的情況下，舒爾哈齊第三次代表建州女真入京。當明廷以「建州等衛夷人都督都指揮」的名義向他照例賞賜，他何嘗不為那煊赫的頭銜而陶醉，進而萌發了擁明自立，借明自立，將一切權利攬入自己手中的想法。這種想法無疑加劇了他們兄弟之間的矛盾，結果導致軍事上的各自為政。

萬曆三十五年（1607年），舒爾哈齊作為統兵主帥與努爾哈赤的長子褚英、次子代善，以及大臣費英東等率兵三萬接應東海女真瓦爾喀部蜚優城部眾歸附。

行軍途中，舒爾哈齊突然藉口軍旗發光，不是吉兆，提議班師回朝。各位將領戰士都信以為真，士氣不佳。由於褚英和代善的努力才穩定軍心，繼續前行。

但當建州兵率領蜚優部民眾返回到鍾城附近的烏竭岩，突然遭遇烏拉數萬兵馬的攔截時，舒爾哈齊開始裹足不前。當褚英和代善率領不足敵人四分之一的兵力奮死拼搏時，舒爾哈齊卻帶領五百人滯留山下，他最信任的兩個將領也率領百人在一旁觀戰。

經過這一役，努爾哈赤以不力戰的罪名將那兩個將領處死，並不再讓舒爾哈齊帶兵打仗。被剝奪了軍事權利，舒爾哈齊滿腔幽怨，不時與努爾哈赤發生口角。舒爾哈齊不服，努爾哈赤不滿，他們倆已經完全決裂。努爾哈赤厲聲斥道：「你所有的東西都不是父祖遺留的，而是我給你的！」

對於大哥過於苛刻的責備，舒爾哈齊心裡感到十分憤懣。既

然大哥已經不念兄弟之情,自己又何必矮人一等。於是他找來三個兒子,共商大計。他們想到了依靠明朝,於是很快踏上了第四次通往京城的道路。

正當舒爾哈齊以為自己找到靠山時,努爾哈赤突然下令剝奪了他的家產,並殺死舒爾哈齊的兩個兒子,又將與此事有關的部將處死。之後,努爾哈赤佯稱新宅落成,邀舒爾哈齊赴宴。自知難逃活命的他,仍寄希望大哥能顧念手足之情,對他寬恕。然而,舒爾哈齊剛剛走進新宅的大門,還未來得及向兄長傾訴愧悔之情,就被推入內寢,鎖了起來。

從此,舒爾哈齊過著暗無天日的牢獄生活,簡直雖生猶死。兩年之後,即萬曆三十九年(1611年)八月十九,舒爾哈齊死在了囚獄中,年僅48歲。

利益爭奪：揭祕努爾哈赤殺子史實

說起「滿堂鄉」這個名字，會讓人聯想到子孫滿堂的寓意，那麼，想來「滿堂鄉」名字的由來或許也與某個枝系龐大的家族有關，又或許，背後蘊藏著的是個安靜祥和的故事。然而當史實與傳說分別解開這一謎題時，展現出的卻是一種政治陰影籠罩下的皇權爭奪：貌似祥和的「滿堂」二字竟是「埋頭」的諧音，滿堂鄉暗自傾訴的正是清朝疑案之一——努爾哈赤殺子之謎。

俗話說「虎毒不食子」，可作為大清國的創始人，努爾哈赤又為何會親手殺死自己的親生兒子，究竟是怎樣的一種無法彌補的過失令這位一國之君殘忍到萌生了殺子的動機？

努爾哈赤起兵之際，大兒子褚英剛剛4歲，由於母親早逝，年幼的褚英便一路隨著父親奔波於刀光劍影之下，未能享受到母愛的溫情以及家庭中的祥和，生活始終動盪不安。褚英19歲的時候首次帶兵打仗，在接下來的幾年中，褚英的地位開始迅速上升。然而褚英的汗王之位並非自此一路坦途，正當他貌似已然勝券在握之際，卻被努爾哈赤幽禁於高牆之中，而後處死，終年36歲。

關於努爾哈赤殺子一事，流傳著這樣的一個傳說：故事發生在明朝與後金之間的薩爾滸之戰中。當時的情況是明軍以人數的絕對優勢將後金合圍，對此，努爾哈赤並無任何畏懼之念，並決心以一路突破明軍的包圍，直逼西向。褚英刺探軍情回來報說，

明軍來勢凶猛,正嚴陣以待。八旗將領們慌了神兒,努爾哈赤見此狀頓時大怒,他大聲呵斥褚英:「你竟敢謊報軍情,長敵軍士氣,動我軍心!」

褚英不解,他本是如實稟報,不想父王不自量力,於是據理力爭。見此狀,努爾哈赤暴跳如雷,於是下令:「將褚英拉出去斬了!」就這樣,長子褚英因擾亂軍心被處死。

明軍的重圍仍要突破,於是努爾哈赤便派其二子代善繼續打探敵方軍情。就在褚英被斬悲劇的渲染下,代善來到明軍營前,他看到的是與褚英陳述中相同的場景。

代善想,若是他回去實話實說,那將會得個與褚英相同的命運,但事實卻果真如褚英所言,敵軍陣容十分強大,想要突破重圍絕非易事。反覆揣度,代善終於想到一妙計。回來後,代善對努爾哈赤彙報:「明軍兵馬確實多如牛毛,但在我看來,他們都是一些有身無首、不堪一擊的草木之兵!」

努爾哈赤聽聞此言頓時喜笑顏開:「我們同一群有身無首的人打仗,還用怕什麼!」結果在那次戰役中,八旗軍隊與明軍進行了殊死搏鬥,最終大獲全勝,將薩爾滸之戰譜寫成了歷史上著名的以少勝多的戰役。

大戰過後,努爾哈赤雖戰敗了明軍,但卻因殺死了自己的長子褚英而懊悔不已,於是這山便成了「悔山」,久而久之,「悔山」成了「輝山」。

努爾哈赤殺掉褚英後,曾派人去找過他的屍首,然而因為洪水泛濫,褚英的屍首並沒有找到,於是努爾哈赤下令挖河繼續尋找。

久而久之,這裡便成了「挖河木」,後來被人們叫做「窪渾沐」。最終,褚英的屍體終於被找到,於是那處地方被稱為「得

骨」，成了如今的「得古」。此外，埋葬褚英屍骨的山溝就叫做「埋頭溝」，後來被喚作「滿堂溝」。

儘管滿堂鄉的名字確實源自努爾哈赤的長子褚英，但是，傳說畢竟是傳說。《滿文老檔》的第三卷癸丑年六月記述了太祖殺褚英的原委，史實證明褚英的死絕非努爾哈赤一時衝動。褚英性格孤傲、專橫，心胸狹隘，努爾哈赤深知長子的毛病，但看在褚英功績累累且驍勇善戰，讓其執掌國政，並希望褚英能夠在攬得如此大權後，改掉心胸狹隘這一缺點。

然而事與願違，褚英執掌國政後，強迫四個弟弟（代善、阿敏、莽古爾泰、皇太極）向自己立誓：「不得違抗兄長的話，更不許將兄長所說的各種話告訴父汗。」還聲稱：「凡與我不友善的弟弟們，以及對我不好的大臣們，待我坐上汗位以後，均將之處死。」

太子之位素來都是政治利益爭奪的焦點，而褚英原本深陷泥潭，不但不以有效手段維護自己的聲望，反而以恐嚇、威脅的方式強迫自己的四位皇弟及五大臣屈從。

事實上，四位年紀尚輕的皇弟姑且不論，作為努爾哈赤的五大臣就對此難以容忍。畢竟他們自努爾哈赤起兵伊始便開始輔佐，努爾哈赤都視他們為兄弟骨肉，禮讓有加，他們是真正的開國元勳。褚英年紀輕輕卻這般輕狂，換言之，這是一場新權貴與舊權貴之間的較量。

不久，褚英的上述言行被告發，努爾哈赤深知褚英弊病，便也怒褚英不爭，為了服眾，努爾哈赤開始逐漸削弱了褚英的權勢，如此更加激發了褚英的極大不滿。

褚英開始敵視父王，於是結交黨羽，進行報復活動。

據史料記載，當努爾哈赤與諸弟出征時，褚英主謀，寫詛咒

出征的父汗、弟弟們和大臣們的咒語，對天地焚燒，還揚言：希望出征之師被擊敗，「若被擊敗，我將不使被擊敗的父親及弟弟們入城」。

事後，一個參與此事的僚友因恐懼而留遺書自縊，其他幾個參與者見勢不妙，便一起向努爾哈赤坦白。聽聞此事後，努爾哈赤震怒了，監禁褚英於牢中。然而被囚禁後，褚英並未因此悔改，而是在牢獄之中憤憤不平，並且對父王以及弟弟們的詛咒日益加劇。原本人際關係不佳的褚英的上述舉動被一一反饋到努爾哈赤那裡，見褚英始終無悔改之心，努爾哈赤最終將其處死。

然而，事實上滿堂鄉埋葬的皇子並非褚英，作為努爾哈赤的長子，褚英的陵寢設在如今遼陽的東京陵。但傳言也並非全然戲說，因為在滿堂鄉確實埋葬著一位皇子——努爾哈赤的第六子塔拜。

康熙四十四年，裕德瑞率全家老小來到盛京，在塔拜園寢附近建造房舍居住。從此，滿堂這個荒溝便成了宗室皇族聚居之地，隨著人口繁衍，滿族人逐年增多，人們便將這裡稱為「滿塘」，即滿人集居地溝塘，後來又為取意「吉祥」，將「滿塘」稱為「滿堂」。

死因之謎：是大炮所傷還是疽發而死

紅衣大炮射傷努爾哈赤

朝鮮人的著作中明確記載努爾哈赤在寧遠之戰中受了「重傷」，並遭到明將袁崇煥的譏諷。據史料記載，1626年，68歲的努爾哈赤親率6萬大軍（號稱14萬）南征，一路勢如破竹，不戰而得8座城池，很快兵臨寧遠城下。明朝寧遠城守將袁崇煥嚴詞拒絕努爾哈赤的招降，親率兵民萬人頑強守城。他們在寧遠城上架設了11門紅衣大炮（按本為紅夷大炮，因清朝時少數民族入主中原，忌諱「夷」字，故稱紅衣大炮），隨時準備迎接來犯之敵。

這種紅衣大炮的威力非常大，北京社會科學院滿學研究所的閻崇年認為，這種紅衣大炮為英國製造的早期加農炮，炮身長、管壁厚、射程遠、威力大，特別是擊殺密集的騎兵具有強大的殺傷力，是當時世界上最先進的火炮。紅衣大炮在寧遠之戰中確實發揮了它的極大威力。據史料記載，後金大軍的攻城行動在明軍猛烈炮火的攻擊下嚴重受挫。寧遠城下，八旗官兵血肉橫飛，屍積如山。在攻城的第三日，後金便撤兵而去。

在威力極大的西洋火炮猛烈攻擊的情況下，作為後金統帥而親臨城下督戰的努爾哈赤有沒有受傷呢？對此，明朝和後金的史書中均無明確記載。資深澳門歷史研究者金國平和吳志良兩位先

生在合寫的《澳門與入關前的滿清》一文中認為，由於對明軍使用的新式火器毫無心理準備，寧遠之戰中努爾哈赤受傷的可能性極大。

經過潛心研究，金國平和吳志良終於從朝鮮人李星齡所著的《春坡堂日月錄》中找到了一條明確記載努爾哈赤在寧遠之戰中受「重傷」的珍貴史料。據該書記載，朝鮮譯官韓瑗隨使團來明時，碰巧與袁崇煥相見。袁很喜歡他，寧遠之戰時曾把他帶在身邊，於是韓瑗得以親眼目擊這次戰役的全過程。

寧遠戰事結束後，袁崇煥曾經派遣使臣帶著禮物前往後金營寨向努爾哈赤「致歉」（實為冷言譏諷），說「老將（按指努爾哈赤）橫行天下久矣，今日見敗於小子（按指袁崇煥），豈其數耶！」努爾哈赤「先已重傷」，這時備好禮物和名馬回謝，請求約定再戰的日期，最後終於「因懣恚而斃」。這條史料明確記載努爾哈赤是在寧遠之戰中受了「重傷」，並由於寧遠兵敗，精神上也受到很大的創傷，整日悒悒不自得，在肉體和精神受到雙重創傷的情況下，這位沙場老將終於鬱鬱而終。

明朝史籍記載，明朝軍隊曾炮斃一個「大頭目」，專家分析這個「大頭目」就是努爾哈赤。由此再反觀明朝史籍，其中有關寧遠戰事的某些記載似乎也找到了合理的解釋。明人張岱在其所著的《石匱書後集・袁崇煥列傳》中記載，紅衣大炮打死敵人不計其數，還擊中了「黃龍幕」，傷一「裨王」。敵軍認為出師不利，用皮革裹著屍體，一路號哭著撤退了。金國平和吳志良據此分析，上述史料中提到的「大頭目」、「裨王」即為努爾哈赤本人。

然而讓人不能理解的是，清代官書提及努爾哈赤之死時，都說他是得病而死，至於得的是什麼病，則往往諱莫如深。

對此，金國平和吳志良的分析是，努爾哈赤在寧遠攻城戰中中炮受傷，隨後又受了袁崇煥這個「小子」的冷言譏諷，回到瀋陽後一直耿耿於懷，怒火中燒，導致傷口惡化，後來前往清河洗湯浴，致使傷口進一步惡化，終於併發症而死。炮傷是努爾哈赤致死的最重要原因。大清一代開國君主竟葬身於「紅衣大炮」口下，為固軍心，隱瞞、遲報主將傷亡乃古今中外兵法慣伎。

袁崇煥

因此，可以大膽推斷，努爾哈赤在寧遠之戰中受傷後致死。在沒有新資料以前，這一點似乎可為定論。

寧遠兵敗，努爾哈赤鬱憤而死

正在人們對努爾哈赤之死因不再提出異議時，清史專家李鴻彬在《滿族崛起與清帝國建立》一書中，卻對努爾哈赤炮傷而死論者的關鍵證據《春坡堂日月錄》提出了質疑。

首先，既然朝鮮譯官韓瑗都知道努爾哈赤「先已重傷」，那麼守衛寧遠的最高統帥袁崇煥就應更加清楚，何況袁崇煥還曾派遣使臣前往後金營中察看過呢。但是，無論是袁崇煥本人報告寧遠大捷的奏折，還是朝廷表彰袁崇煥的聖旨抑或朝臣祝賀袁崇煥寧遠大捷的奏疏，其中都隻字不提努爾哈赤受傷之事。

其次，努爾哈赤戰敗於寧遠，是1626年正月，至八月二十日死，其間8個多月。從大量史料記載看，在這8個多月中，努爾哈赤並沒有去治病，而是「整修舟車，試演火器」，並且到「遠邊

射獵，挑選披甲」，積極準備再進攻寧遠，以復前仇。四月，親率大軍，征蒙古喀爾喀。五月，毛文龍進攻鞍山，後方吃緊，這才回師瀋陽。六月，蒙古科爾沁部的鄂巴洪台吉來朝，他親自「出郭迎十里」，全不像「重傷」之人。

因此，李鴻彬認為，努爾哈赤在寧遠之戰中有沒有身受「重傷」，是不是「懣恚而斃」，很值得懷疑。

那麼，努爾哈赤到底是因何致死的呢？

李鴻彬認為，努爾哈赤回到瀋陽以後，一則由於寧遠兵敗，赫赫有名的沙場老將敗在初經戰陣的青年將領手中，精神上受到很大的創傷，整日心情鬱憤；二則因為年邁體衰，長期馳騁疆場，鞍馬勞頓，積勞成疾。同年七月中，努爾哈赤身患毒疽，並非炮傷，二十三日往清河湯泉療養。到了八月七日，他的病情突然加重。十一日，便乘船順太子河而下，轉入渾河時，與前來迎接的大妃阿巴亥相見後，行至離瀋陽40里的地方死去。

努爾哈赤，姓愛新覺羅，號淑勒貝勒，明嘉靖三十八年(1559年)出生在建州左衛蘇克素護部赫圖阿拉城的一個滿族奴隸主的家庭。25歲時，為報父、祖之仇，以十三副先人遺甲起兵，開始了他的戎馬生涯。58歲時建立了女真少數民族政權——後金。60歲時正式開始向明朝宣戰。短短八、九年間，明朝在遼東遼西的軍事重鎮大都落入後金軍隊之手。

努爾哈赤所率領的八旗鐵騎所向披靡，一路南下，馬鞭幾乎指到了山海關。但就在這時（1626年），68歲的馬上皇帝在寧遠城遭到了明大將袁崇煥的頑強抵抗，兵退盛京（瀋陽），不久便撒手人寰。突然駕崩的努爾哈赤為自己的子孫們留下了未竟的大業，同時，也給後人留下了許多不解之謎。

清太宗皇太極

大清王朝第一帝

　　愛新覺羅·皇太極，於明萬曆二十年（1597年）十月廿五出生在建州女真部落首領努爾哈赤的家中。皇太極在努爾哈赤眾多的兒子中排行第八。

　　明熹宗天啟六年（1626年），努爾哈赤去世，皇太極在諸多貝勒的商議下，被一致推舉、擁戴為皇位繼承人。35歲的皇太極在這一年的九月初一正式登上後金的汗位，並決定第二年改元為「天聰」。從此，皇太極以皇帝的身分正式走上歷史舞台。

　　清太宗天聰十年（1636年）四月十一，皇太極將國號改為「大清」，正式稱帝，並改元為「崇德」，女真也改為滿洲。因此，從嚴格意義上來講，皇太極是大清朝的第一個皇帝。

　　清太宗崇德八年（1643年）八月初九，皇太極突發急病死於盛京（今瀋陽）的清寧宮內，年僅52歲。皇太極去世後，他的靈柩被放在崇政殿，同年九月二十一，被葬於昭陵（瀋陽北陵），謚號為「應天興國弘德彰武寬溫仁聖睿孝文皇帝」，廟號為「太宗」。

篡奪汗位：皇太極的繼位祕聞

後金天命十一年（1626年）八月，努爾哈赤因毒疽發作而死，皇太極繼承汗位。關於皇太極是如何繼位的問題，有各種不同的說法。

據朝鮮史籍《魯庵文集》記載：「老汗（努爾哈赤）臨死曰：洪佗始（皇太極）能成吾志。終無所命而死。」因而皇太極得汗位，是符合努爾哈赤臨終之命的。

長期以來，一些明清史專家認為，皇太極汗位是從其幼弟多爾袞手中篡奪來的。清人蔣良騏的《東華錄》順治八年（1651年）二月己亥詔內載，多爾袞聲稱「太宗文皇帝（皇太極）之位原系奪立」，暗示皇太極篡奪汗位。

據說，努爾哈赤生前已立多爾袞為嗣子，而皇太極用陰謀狡詐的手段從其幼弟手中奪取了汗位，為去除篡位障礙，還逼迫多爾袞生母大妃納喇氏死殉。此說受到一些人懷疑，因為努爾哈赤痛恨多爾袞生母不忠，去世前特命她死殉。當時多爾袞才15歲，既無功業，亦無威望，故不可能立多爾袞為嗣。皇太極即位後，對多爾袞「特加愛重」，大力培養提拔，多爾袞對皇太極的恩育萬分感念，盡心盡力輔佐皇太極，勳勞卓著，成為皇太極最得力的助手。

總之，皇太極與多爾袞兄弟感情較好，無法想像皇太極對多爾袞幹下篡位、殺母的勾當。

皇太極

有的則認為，皇太極的汗位是通過激烈爭鬥，力克競爭對手而得到的。努爾哈赤死後，皇太極與諸貝勒爭奪汗位的鬥爭白熱化，最後皇太極擊敗對手自立為汗。其間，皇太極與代善的爭鬥尤為激烈，代善有勳績，有聲望，也有勢力，長期以來一直是汗位的有力競爭者，皇太極抓住一切機會打擊代善，如利用代善與大妃納喇氏的曖昧關係，推波助瀾，借助輿論，促使努爾哈赤罷黜大妃，代善威望遭受損害。努爾哈赤死後，又逼大妃死殉，削弱代善的勢力，最後壓服代善，奪取汗位。

還有學者認為，皇太極汗位並非奪立，而是由諸貝勒推舉產生。太祖努爾哈赤生前未立嗣子，而是確立了八和碩貝勒共治國政的制度，為汗者須請貝勒推舉產生。當時諸貝勒中，數皇太極實力最強，努爾哈赤死去當天，代善長子勸代善說：「四大貝勒（皇太極）才德冠世，深契先帝聖心，眾皆悅服，當速繼大位。」代善表示同意。次日，在諸貝勒大臣聚於朝時，代善提議

舉皇太極為汗,諸貝勒「皆喜曰善。議遂定,乃合詞請上即位。」

《魯庵文集》所記更富戲劇性:代善表示,按努爾哈赤遺願,當立皇太極為汗。皇太極推辭,主張代善當立,並「相讓走避」。國不可一日無一君,大臣們一會兒去請代善,一會兒去拉皇太極,「號呼奔走於兩間者再三,凡三日」,最後還是代善使人「群擁」皇太極即位。

這裡不見刀光劍影、不擇手段的權力爭鬥,代之以和平友好的互相謙讓。這與貫串清朝特別是其前期血腥的最高權力之爭,形成強烈反差,令人難以置信。其中雖有言過其實之處,但按當時情況,民主推舉皇太極為汗,還是有可能的。因為,當時人們相當崇尚武功,而皇太極的武功遠遠超過才十幾歲的多爾袞,與代善比也不相上下;

此外,在政治識見、軍事才能和個人威望上,皇太極都高出諸貝勒一籌,由於君主專制制度尚未發展完善,遇大事須協商辦理,因而推舉才能卓著的皇太極即位,是不足為怪的。

太后下嫁：皇太極老婆為何下嫁小叔子

愛新覺羅・皇太極的妃子之一——孝莊文皇后（姓博爾濟吉特氏，名布木布泰）在大清朝的歷史上起到了很重要的作用，她一生經歷了數朝，先後在兒子愛新覺羅・福臨（順治帝）以及康熙年幼當政時期輔佐過他們，是葬在清東陵輩分最高的人。

但是，去過清東陵的人都知道，孝莊文皇后的陵墓卻在風水牆之外，不僅沒有和自己的丈夫皇太極葬在一起，也沒有和自己的兒孫葬在一起。這是為什麼呢？這緣起於孝莊文皇后下嫁小叔多爾袞之故。

太后下嫁，是清史中的一段「迷案」，歷史學界對此有不同的看法。下面我們來具體了解一下這件事的當事人，並從他們所經歷的事情試著了解一下當時的情況。

孝莊文皇后，「太后下嫁」之說的主人公之一。她出生於明神宗萬曆四十一年二月（1613年3月），是蒙古科爾沁部落的貝勒寨桑的二女兒。為了鞏固科爾沁和後金的政治聯盟關係，已經歸順後金的科爾沁部落在清太祖天命十年（1625年）二月，命吳克善帶著13歲的布木布泰來到後金的新都遼陽，將她嫁給了努爾哈赤的第八個兒子皇太極作為側福晉，這時的皇太極34歲。早在十幾年前，布木布泰的親姑姑哲哲已經嫁給皇太極作為大福晉，

清太宗天聰八年（1634年）皇太極又娶了布木布泰的姐姐海蘭珠，這就是歷史上著名的姑侄三人共事一夫的事件。嫁給皇太極之後，布木布泰為他先後生下了三個女兒，三個女兒分別是固倫雍穆長公主、固倫淑慧長公主、固倫端獻長公主，她們後來都為了後金與蒙古的政治目的，而與蒙古和親，分別嫁給了蒙古貴族弼爾塔哈爾、色布騰、鏗吉爾格。

清太宗天聰明十年（1636年），皇太極改國號為大清的同時也仿照明朝廷建立了後宮制度，布木布泰被封為莊妃，住在永福宮，她的姐姐海蘭珠被冊封宸妃，居於關雎宮。由於皇太極對海蘭珠十分寵愛，所以海蘭珠的地位僅次於皇后，最年輕的莊妃雖然在地位上不及姐姐，但是，在後宮的地位也比較突出。在皇家之中，向來是母以子貴，清太宗崇德三年（1638年）正月，莊妃為皇太極生下了皇九子——福臨，這時，恰逢宸妃所生的皇八子剛剛夭折，莊妃在後宮的地位又得到了提升。

除了「太后下嫁」這一典故以外，發生在莊妃身上的故事還有民間盛傳的「莊妃勸疇」的故事。故事的大概是這樣的：清太宗崇德七年（1642年），明軍和清軍在松錦大戰，明軍的總督洪承疇被俘，並被押解到盛京，皇太極認為洪承疇是人才，希望能說服他為自己效力。但是，洪承疇不買任何為皇太極效力的漢族官員的賬，意志堅決，甚至以絕食來抗拒。莊妃親自來到洪承疇的牢房為丈夫解決難題，莊妃送來的參湯和對洪承疇說的一席話，使這個漢族英雄徹底折服，歸順了皇太極。

但是，這個故事只是民間傳說，雖然很多文學、影視作品也對它進行了不同程度的演繹，不過，史書上對這段歷史的記載卻有不同的版本，當時的洪承疇確實不願意歸降大清，說服他歸降的人是皇太極，而不是莊妃。

皇太極在最寵愛的宸妃死後不久，突然離世。他的死亡使大清朝出現了權力真空的狀態，在各派爭奪王位的過程中，造成了朝政的混亂。最後，為了結束爭鬥，各派互相妥協，立未成年、僅有6歲的莊妃之子福臨為皇帝。清太宗崇德八年八月（1643年10月），福臨登基，把自己的生母布木布泰尊為「聖母皇太后」。因為福臨即位之時還是個孩子，並不能擔起管理國家的大任。於是，孝莊就自然擔任起了督責福臨學習的作用。在福臨親政之後，她仍經常告誡、規勸福臨，約束他的言行，使他成為一個合格的皇帝。福臨去世後，他8歲的兒子清聖祖愛新覺羅・玄燁（康熙）繼承了王位，又是一個不能立刻承擔重任的小皇帝，孝莊再一次擔負起教育、保護皇帝的重任，康熙也沒有辜負祖母的希望，成長為中國歷史上一代明君。

　　清聖祖康熙二十六年臘月（1688年1月），孝莊去世，享年75歲。孝莊在去世之前囑咐康熙，說太宗的陵寢已經奉安很久，不宜為自己輕易開啟，而且她也不願意離開福臨和康熙，所以，要康熙在安葬福臨的孝陵附近為自己找一個地點安葬。

　　介紹完孝莊，我們再來了解一下「太后下嫁」傳說中的另一個主角——多爾袞。明神宗萬曆四十年十月（1612年11月）清太祖努爾哈赤的第十四子出生，起名為愛新覺羅・多爾袞，它是皇太極同父異母的弟弟。傳說多爾袞的相貌與努爾哈赤極其相似，因此受到了努爾哈赤的寵愛。努爾哈赤生前還有意讓多爾袞繼承自己的皇位，但是在努爾哈赤去世之後，多爾袞還不滿15歲，他的生母烏喇納拉氏又被皇太極逼迫著殉葬，因此，多爾袞並沒有能力和皇太極爭奪皇位。機智聰明的多爾袞沒有就此消沈下去，而是在皇太極面前極力表現，以卓越的戰功被皇太極封為睿親王，統領正白旗，不僅娶了莊妃的妹妹，還參與了軍國大事的商

定。

皇太極的突然離世，引發了多爾袞和豪格的對立。豪格是皇太極的長子，雙方都想成為皇太極皇位的繼承人，於是各不相讓，雙方都握有兵權，多爾袞有正白旗和鑲白旗的支持，豪格有正黃旗和鑲黃旗的支持，如果雙方一旦開始武力奪權，哪一方都沒有必勝的把握，也會給大清的政治穩定帶來威脅。

在議立新皇帝的大臣會議上，多爾袞為了避免出現雙方兵戎相見的局面，當然也是給了莊妃一個人情，拒絕了支持者對自己的推薦，而提出由皇太極年幼的兒子福臨即位，由他和鄭親王濟爾哈朗共同輔政，這樣一來，反對者也無話可說。多爾袞審時度勢的做法，雖然沒能讓自己坐上王位，但是卻粉碎了豪格的帝王夢，也實質上強化了自己的權利，成為了大清朝實際上的統治者。

幾個月後，多爾袞率兵入關，將剛剛打敗明王朝的李自成拉下皇位，並成功佔領北京。清世祖順治元年（1644年），多爾袞迎接皇太后和年幼的愛新覺羅・福臨進京，開始了大清朝在北京的統治，從而實現了努爾哈赤和皇太極的願望。之後，多爾袞向漢族王朝學習，制定了一系列制度，隨之在朝中的地位越來越高，權勢越來越大，從對他的稱呼就可以看出當時的多爾袞在大清朝的地位，開始，福臨稱他為「叔父攝政王」，後來改為「皇叔父攝政王」，最後乾脆叫「皇父攝政王」。不過，這些並沒有使多爾袞忘記自己的身分，他時時告誡王公大臣們要對朝廷和皇上盡忠，而不能對自己諂媚。

多爾袞雖然沒有坐上皇位，但是卻為大清做出了巨大的貢獻。然而，他卻只活了39歲，在清世祖順治七年臘月初九（1650年）在喀喇城病死。多爾袞死後，福臨皇帝對他極盡贊譽。然而

被多爾袞一直壓制的豪格在福臨面前詆毀多爾袞，說他曾製有八補黃袍，有謀反之心，福臨立刻下詔將多爾袞削爵，撤出宗廟等等，更有甚者還將多爾袞的陵墓平毀，將其屍體砍掉腦袋，還當眾鞭屍。直到乾隆年間，多爾袞才得到徹底的平反。

孝莊和多爾袞年齡相近，在一些正史、野史和眾多文學、影視作品中，他們之間不但有愛情故事，而且孝莊還下嫁給了多爾袞。據說，兩人在皇太極在世時就已經暗生情愫，在皇太極逝世之後結婚，正好讓兩人的願望得以實現。孝莊和多爾袞的婚禮是禮部操辦的，但是多爾袞的命不長，而且他死後遭到了政治清算，孝莊隨著自己地位的提升對改嫁的事情十分後悔，認為對不起皇太極。所以，孝莊沒有和皇太極葬在一起，而是葬到了兒子陵寢的附近。

不過，上面的事情都是傳說和野史，在正史中並沒有太多有力的佐證。因此，雖然「太后下嫁」的傳說廣為流傳，但是，並沒有證據能直接證明這件事的真實性，且由於明清的正史被人改來改去，不辨真假。所以，太后下嫁仍是一個謎團。

淒美動人：皇太極與宸妃的生死戀

皇太極宸妃是蒙古科爾沁貝勒寨桑之女，姓博爾濟吉特，名海蘭珠。她是孝端皇后的姪女，莊妃（孝莊文皇后）的姐姐。海蘭珠生於萬曆三十七年（1609年），比莊妃大4歲。天聰八年(1634年)，其兄吳克善親送海蘭珠到盛京，與皇太極成婚，當時海蘭珠已26歲，雖然已過妙齡，但備受皇太極的寵愛。

崇德元年，皇太極以古代名妃常用的封號，封海蘭珠為「宸妃」。以《詩經》中象徵愛情的詩句「關關雎鳩，在河之洲，窈窕淑女，君子好逑」，將宸妃居住的寢宮命名為「關雎宮」。在宮中的地位遠遠超過比她年輕5歲、早嫁9年的親妹妹莊妃，僅次於姑母皇后哲哲。

崇德二年（1637年），海蘭珠誕育皇子，這是皇太極的第八個兒子。皇太極十分喜悅，遂創大清以來之先例，特意在大政殿舉行隆重的儀式，向中外頒詔宣布這一重要事件，並舉行宴會和演百戲，萬民同賀，大會群臣，盛筵賓客，同時頒發大赦令，釋放了許多囚犯。

他的理論根據是「自古以來人君有誕子之慶，必頒大赦於國中，此古帝王之隆規。」然而，前7個皇子誕生時，並未舉行什麼大型慶典活動，也未大赦。之後，莊妃生第9子，麟趾宮貴妃又生下第11子，亦未如此隆重地辦理。由此可見，皇太極是將宸妃生的皇八子作為「儲君」來對待的。因愛宸妃而寵皇八子，也

算是「愛屋及烏」吧！

皇八子誕生之慶典，八方朝賀。蒙古各部落的首領均來供奉大量賀禮，朝鮮國王在元旦日上皇帝皇后賀表、敬獻方物的同時，還上了皇太子賀表，並進獻皇太子禮品，一時間，盛京（今瀋陽）城內熱鬧無比。皇太極為表慶賀數次大宴賓客於崇政殿、清寧宮，著實盛況空前。

此時的皇太極，開疆拓土，稱雄於東北，加之嬌妻產子，諸事順遂，可謂春風得意，躊躇滿志。宸妃更是看在眼裡，美在心頭，喜上眉梢。可真應了「好景不長」這句俗語，備受嬌寵的皇八子不到一歲便夭折了。痛失愛子，使皇太極十分悲痛，但他畢竟是一國之君，還有其餘7個兒子，兩天後莊妃又給他生了皇九子。愛子的死，給皇太極和宸妃以沈重的精神打擊。痛失愛子對宸妃的打擊可想而知，從此，宸妃鬱鬱成疾。皇太極除多方安慰開導外，又厚賜宸妃財物儀仗，但這一切都無法醫治她失子的心病。

崇德六年（1641年）九月，皇太極御駕親征遼西攻打明朝死守的軍事要地松山、錦州。九日率軍紮營在松山城西北10里處。十二日，從盛京來到的官員向皇上奏言關雎宮宸妃得病。時值兩軍對壘的嚴峻時刻，皇太極卻毫不猶豫地立刻召集諸王、貝勒、貝子、公及各固山額真，命他們固守杏山、高橋。

隨後，十三日一大早，皇太極就車駕起行，晝夜兼程趕回盛京。十七日抵達舊邊界駐蹕。當夜一更時分，盛京遣使來奏報宸妃病危，皇太極聞訊立即拔營，連夜趕奔，並遣大學士希福、剛林及冷僧機、索尼等急馳前往候問病勢來報。尚未入城即傳來宸妃殯天的噩耗。

皇太極疾馳入宮，在愛妃的遺體前聲淚俱下，悲痛欲絕。他

為了宸妃之死日夜哭泣，六天六夜不吃不喝，幾次哭暈過去。皇太極與宸妃情深意篤，宸妃之死，對皇太極精神打擊極大，於是「飲食頓減，聖躬違和」甚至「言語無緒」，以致害了一場大病，自此後再沒有重返松錦戰場，從而也結束了他40餘年的戎馬生涯。

此後，皇太極親自主持舉行宸妃的葬禮，在他的堅持下，喪殮儀式從厚舉行。宸妃的殯所設在盛京城地載門外五里，皇太極頻繁地率眾王及後宮女眷至此祭祀，每次祭祀太宗都親自在靈前奠酒，回到宮中，皇太極堅持不入宮，而在臨時的御幄中居住，以表示對宸妃的哀悼和懷念。

在頻繁舉行的祭祀中，皇太極長時間沈浸在痛失愛妃的悲痛之中，每次祭祀必「慟哭奠酒」，很長時間裡茶飯不思，甚至幾次昏迷過去。

朝中的大臣見此無不憂心如焚，清初的言臣祖可法、張存仁進勸說，皇上如此悲傷，於情可以理解，於理卻未免太過了。皇上乃萬乘之身，負有底定天下、撫育萬民的責任，皇上一身關係重大。現在與明朝的交戰正在進行，皇上不能過分沈湎於悲痛之中，應該以江山社稷為重，盡快從悲痛中解脫出來，這才是舉朝上下想看到的。

宸妃葬於盛京城北10里的蒲河邊上，皇太極每次巡獵途中都要到墓地祭祀。追封宸妃為「敏惠恭和元妃」，舉行了隆重的追封禮。這是清代妃子謚號中字數最多的。

宸妃之喪被視為國喪，皇太極特下詔，崇德七年（1642年）元旦大典，由於宸妃喪而停止，舉國停止筵宴。在宸妃喪期內作樂的官吏和宗室，都招來皇太極的暴怒，被一一革職禁錮。這已經成為事實上的國喪，連外藩蒙古、朝鮮等都遣專使來朝吊祭。

皇太極親自撰寫的祭祀宸妃的祭文情真意切，催人淚下。真情綿綿。昭陵妃園寢建成後，宸妃改葬於園寢內。

對宸妃的魂牽夢縈，使皇太極難以自拔。自宸妃死後，皇太極頻繁舉行祭典，並請僧道人等為宸妃佈道誦經，超度亡魂。他每次出獵，必過宸妃墓地下馬佇立，長時間地憑吊默哀，以茶酒奠祭，痛哭不止。大祭、小祭、月祭、冬至節令祭、歲暮祭，年祭。無論怎樣的祭奠都無法抹平心中的悲傷，反而加重了心傷。

松錦大戰捷報頻奏，關外四座重鎮盡歸清朝，關外障礙既除，揮師入關逐鹿中原指日可待。然而，戰爭勝利的喜悅，也不能沖淡皇太極的悲傷。對宸妃的思念與難解的憂傷，嚴重損害了皇太極的健康，甚至連日常朝政也「難以躬親辦理」。

在宸妃去世兩年之後，皇太極也逝於清寧宮，靈魂追尋宸妃而去，享年52歲。

香艷謀殺：皇太極究竟是怎麼死的

皇太極的死一直都是一個疑點。有關的清代官修史書幾乎都記載說皇太極死時是「無疾而終」。皇太極從小身體很好，中年以後身體發福，有些偏胖。官方史書從未記載過他有任何病史。那麼，為什麼後人會將皇太極的暴死演繹成一起香艷離奇的謀殺事件呢？

後世野史說皇太極是被多爾袞或多爾袞與莊妃合謀害死的，金庸的《碧血劍》中更是活靈活現地寫到，是袁承志親眼見到皇太極趕到莊妃的寢宮，被正在和莊妃幽會來不及逃走的多爾袞行刺而死。憑什麼這樣說呢？不過是因為「大妃阿巴亥之死」、「孝莊下嫁多爾袞」兩件謎案。

皇太極死時，順治年幼，皇太極的幾個兄弟手握兵權對皇位虎視眈眈。孝莊皇后為了保全順治的皇位下嫁給實力最強的多爾袞，並封多爾袞為攝政王。得到多爾袞的幫助後，順治的皇位得到了保證，順利成為第一個入關進京登上帝位的清朝皇帝。而多爾袞一直到死時，都沒有對皇位產生不軌的念頭，可以說孝莊皇后的下嫁功不可沒。可見，皇太極是被多爾袞或多爾袞與莊妃合謀害死的傳說是毫無根據的。

那麼，皇太極真正的死因在很大程度上可能是「痰疾」。從崇德五年開始，清史的記載中屢次出現「聖躬違和」或「聖躬不豫」的字樣。崇德五年農曆七月二十七，皇太極第一次「聖躬違和」，到安山（今鞍山）溫泉療養。崇德六年農曆八月，松山大

戰前夕，明朝13萬大軍來勢洶洶，前線告急。皇太極調集各路人馬，決定親自前往前線坐鎮指揮。本來定於農曆八月十一出發，不巧他患上鼻衄（即鼻出血），血流不止，不得不將出發的日期一拖再拖。八月十四，出血仍未緩解，而前線軍情告急。皇太極抱病出征，一路急行，三天後，病情才有好轉。崇德七年（1642年）農曆十月二十，「聖躬違和，肆大赦。凡重辟及械系人犯，俱令集大清門外，悉予寬釋。」

顯然皇太極這次病得相當重，不但用大赦的方式上向天祈求康復，而且都察院的官員們還上疏建議：皇上不必事必躬親，可讓各旗、六部諸大臣處理一些日常事務，至軍國大事再向皇太極奏聞，以減輕政事活動，得以靜心休養。明顯感覺力不從心的皇太極不得不同意了這份奏疏的建議，決定以後的政事由和碩鄭親王代善、和碩睿親王多爾袞、和碩肅親王豪格、多羅武英郡王阿濟格合議處理。

這是一次重大的行政體制的變革。通過這次變革，皇太極基本上交出了處理日常行政事務的大權。這證明他確實病得不輕，或者是宸妃的死，促使他重新掂量生命中的輕與重。當明白死亡正在逼近之時，對生命的依戀之情就會油然而生。

同年農曆臘月，皇太極率眾往葉赫出獵，到達一個叫開庫爾的地方時，因「聖躬違和」，只得住在那裡。隨同前往的諸王、貝勒、大臣都請求停止行獵返回盛京，但皇太極因為此行沒有收獲，不願空手而歸。就在大家左右為難的時候，年僅5歲的皇九子福臨射中一狍，當年一箭可射穿兩黃羊的皇太極見狀，心中大喜，這才與眾人起駕還宮。

崇德八年正月初一，因皇太極「聖躬違和」，免群臣的新春朝賀禮。命令和碩親王以下副都統以上諸人前往堂子，代替自己向上天和歷代祖先行禮祈禱。

清聖祖康熙皇帝玄燁

少年天子寫傳奇

　　愛新覺羅‧玄燁，生於福臨十一年（1654年），死於康熙六十一年（1722年），是中國歷史上有文字記載在位時間最長的一位君主，在位61年。他是福臨皇帝的第三個兒子，生母為佟佳氏，佟佳氏的家族屬於漢軍正藍旗，在漢軍八旗中是地位頗高的大族。

　　康熙六年（1667年）七月，14歲的清聖祖愛新覺羅‧玄燁親政，然而，在四大輔政大臣中權力突出的鰲拜卻是玄燁親政一個最大的障礙。

　　康熙八年（1669年）五月，年僅16歲的玄燁在南書房將鰲拜捉住，並宣布了他的30條罪狀，從而開始了自己真正的皇帝生涯。從此，他以超群的膽識和兼容並包的胸懷，開始治理被戰爭和鰲拜圈佔土地的倒退政策破壞得傷痕累累的國家。

　　康熙六十一年（1722年），玄燁病死於暢春園，諡號「天弘運文武睿哲恭儉寬裕孝敬誠信中和功德大成仁皇帝」，廟號「聖祖」，葬河北遵化清東陵「景陵」。

鞏固統治：康熙帝勅封關公的目的

關公名羽字雲長，三國時蜀漢名將，居「五虎將」之首。

關羽英勇善戰又非常重義氣，他與劉備、張飛桃園結義後，曾單刀赴會，千里走單騎，過五關斬六將，在古城弟兄相會，忠心耿耿地扶保劉備打江山，為蜀漢的建立立下了汗馬功勞，頗為後人推崇。

到清康熙年間，在我國各地開始廣泛流行五月十三祭關公的習俗。而這個習俗的來歷據說緣於康熙皇帝。康熙帝是我國歷史上一位很有作為的君主，堪與貞觀之治的唐太宗比肩，他在位時經常出巡或私訪，巡視地方官員優劣和體察民情。

有一次康熙帝微服私訪時，行走在路上總聽到身後有馬蹄聲，回頭看看既沒有人也沒有馬。康熙帝感到很奇怪，難道說大白天還有什麼妖魔鬼怪不成？又一想，自己本是真龍天子，連神佛都加以護持，妖魔鬼怪豈敢前來驚擾？

想到這兒就壯起膽子問道：「身後何人？」話音剛落就聽身後有人答道：「二弟雲長。」康熙帝驚得一愣：二弟雲長？「雲長」不是後漢名將關羽的「字」嗎？關羽對他自稱「二弟」，莫非他康熙皇帝是劉備轉世？於是，康熙帝又接著問道：「三弟現在何處？」身後又答道：「三弟知縣遼陽。」

康熙帝暗想：看來自己真是劉備轉世了！二弟關羽生前與我同甘苦共患難出生入死，死後仍不忘兄弟情義暗中保護我，我定

要敕封二弟為聖！三弟張飛既然同生在世，豈能讓他遠在遼陽做小小的縣官，回朝後一定要調三弟進京賦予重任，掌管朝中大事……

康熙帝回京後，這天早朝時便把這件事講給了文武大臣。常言道「君王無戲言」，文武大臣們自然深信不疑，一齊伏地山呼「萬歲萬萬歲」。善於討好的大臣們紛紛進言，說萬歲爺原是賢德明主昭烈帝轉世，又有關二爺的英靈護佑，國勢必然大興！我主宜將關二爺之忠義昭示天下，建廟宇供萬民景仰祭拜……

康熙皇帝

康熙皇帝心裡十分高興，眾臣之言正合他的心意！於是，當即敕封二弟關雲長為「關聖帝君」、「伏魔大帝」，刷下一道聖旨曉諭天下，舉國普建關帝廟，塑「關聖帝君」金身，並改武像為文像，萬世享祭。又派欽差前往遼陽宣調「三弟」遼陽知縣，進京伴駕，同享榮華富貴。沒想到，遼陽這位知縣是個貪官，欽差宣讀聖旨調他進京當時就嚇破了膽，以為東窗事發，當天夜裡便懸梁自盡了！

第二篇 回眸大清帝王的如煙祕史

遍祭「關聖帝君」的聖旨一下，各州府縣便開始大興土木，一座座「關帝廟」相繼修建起來。其香火之盛，甚至超過玉皇大帝、太上老君諸神及西天諸佛祖。康熙皇帝又欽定關羽單刀赴會的五月十三為關帝廟的「廟會日」。自此，每年的五月十三各地祭祀關羽的廟會都辦得非常隆重，成了舉國祭祀的重要節日。

　　其實「崇關」原本是康熙皇帝的傑作，而此舉完全是出於政治目的。為了鞏固滿人的統治，穩定漢人，實現滿、漢親和，康熙皇帝看中了關羽這個歷史人物的「忠」與「義」在漢民族中的深遠影響。於是編造了自己是「劉備」轉世的謊言，使他這個滿人皇帝與關羽成了「生死弟兄」。

　　在封建時代，這一舉措對實現滿、漢團結穩定社會發展確實起到了一定的積極作用。同時，也使玄燁這位聰明皇帝的才幹得到了充分的發揮，為創造「康乾盛世」奠定了基礎。

儲位虛懸：康熙帝立廢太子祕事

清聖祖愛新覺羅‧玄燁是有雄才大略的，他東征西討、南攻北略，初步奠定了大清帝國的遼闊版圖。人們普遍認為，清聖祖愛新覺羅‧玄燁前無難事。可以說，他心想事成，一路順風。但是，在選拔接班人的問題上，這位英明的皇帝卻碰到了攔路虎。他的決策屢屢造成重大失誤。這給他本人以極大的刺激，使他十分痛苦。

如此眾多的兒子，出現曠日持久的儲位爭奪也就不足為奇，按照嫡長子立嗣的原則，清聖祖康熙十四年（1675年），康熙冊立了兩週歲的愛新覺羅‧胤礽為皇太子，胤礽為皇二子，但是他是嫡長子。

康熙立胤礽為皇太子是依照漢族皇帝的方式。中國封建社會皇位的嫡長子繼承制，是一個成功並成熟的繼承制度。這個繼承制保證了政權的平穩過渡，使人心穩定，政權穩固。它是符合封建社會實際的行之有效的繼承制。康熙是一位深受漢民族文化影響的皇帝。在皇位繼承上，他採取了全盤接受的拿來主義。但是，漢族的立太子制度卻沒有給康熙帶來方便，反而使他焦頭爛額。

康熙冊立胤礽為皇太子，是清朝第一次，也是唯一的一次公開冊立的皇太子。當時，康熙只有22歲，也只有2位皇子。皇長子4歲，但皇長子的母親尚無封號，地位也低微。而皇二子是皇

后所生，為嫡長子，因此被定為皇太子。康熙對皇太子的教育極為重視，皇太子也聰明過人，學啥會啥。經多年的精心培養，皇太子精通漢、滿、蒙三種文字，且嫻熟騎射之藝。

康熙對皇太子胤礽的智育教育是成功的。但遺憾的是，康熙忽略了皇太子的德育教育，從而釀成了不可收拾的重大隱患。

皇太子自2歲起就養尊處優，無人敢管，所有的人都懼著他，讓著他，寵著他。因此，在他看來，除皇帝外，所有的人都是他的奴僕，所有的物都是他的私產。他廣收賄賂、私用庫幣、貪得無厭、予取予求、野蠻凶狠、肆惡虐眾。胤礽甚至毒打過平郡王納爾賽、貝勒海普、公普奇等王公貴族。隨著年齡的增長和環境的熏染，皇太子逐漸由一個純真的童稚蛻變成了冷血動物。甚至在康熙面前他也沒有做到兒子該做的事情。

康熙二十九年（1690年），37歲的康熙親征噶爾丹時，因患病滯留在塞北行宮。他十分想念17歲的皇太子，於是召其前來行宮。不料，從京中趕來的皇太子對病中的父皇毫無關切體恤之情，神態冷漠，行同路人。這使熱望中的康熙非常失望，於是，康熙立即命其回京。

從此，康熙逐漸發現了皇太子胤礽身上的致命弱點。但是，他並沒有在這時廢掉太子，而是用打擊太子黨羽的方式，來警告他，希望太子可以有所轉變。太子黨羽中最主要的人物是曾經在智擒鰲拜中立下大功的索額圖。康熙認為索額圖「議論國事，結黨妄行」，將其逮捕監禁，後死於獄中。

然而，索額圖的遭遇並沒有使太子警醒，康熙四十七年（1708年）九月初四，康熙於行獵駐地，召集群臣，命皇太子跪於地，憤怒地訓斥他，斥他「專擅威權，糾集黨羽，窺伺朕躬，起居動作，無不探聽。」當即將其拘執，將其黨羽6人正法，4人

發配盛京。回京後，詔告全國。康熙是一個感情很豐富的人。他對皇太子是又愛又恨。頒布上諭時，他痛心疾首，「痛哭撲地」，「涕泣不已」。此時的康熙心力交瘁，痛不欲生。康熙想不明白皇太子的表現，他甚至「連續六日未曾安寢」，最後墮入了迷信的深淵，他認為，皇太子的所有表現是「為鬼魅所憑，蔽其本性」。

廢掉皇太子之後，儲君空缺，為諸位皇子爭奪儲君提供了一個千載難逢的大好時機。康熙看出了皇子們的心思，於是，不斷地召見諸皇子，對他們諄諄告誡，讓他們「勿令生事，安分而行。」但是，在巨大的皇權的誘惑下，各個皇子黨不但不收束腳步，反而變本加厲，鋌而走險。他們明爭暗鬥，造成了政局動蕩，使康熙陷入了極度的苦悶之中。但是，眾多的兒子中，並沒有能讓康熙滿意的人選來擔當重任，使得在廢掉皇太子只有兩個多月後，康熙萌生悔意。他想把原來的皇太子再立起來。為了重新將胤礽立為太子，康熙不斷地說明自己的意圖，向下灌輸。後來，康熙又說孝莊太皇太后給他托了一個夢，說孝莊太皇太后「殊不樂」。然後，康熙借機下令釋放了皇太子。再後來，就說皇太子病好了。就在康熙四十八年（1709年）三月，復立了皇太子。也就是說，在廢掉皇太子6個月後，又重新復立了他。這又是一個驚人之舉，在中國歷史上是唯一的一次。但是，之後的事實證明，康熙這時的舉動是完全錯誤的。

康熙為了能將自己看好的胤礽培養成才，不再出現之前的情況，於是總把他帶在身邊。但是，復立的皇太子實在是一塊不可雕的朽木，他很快就忘記了自己復位前發下的誓言，依然我行我素，放蕩不羈，沈湎酒色，結黨營私，甚至對父皇康熙常發出怨恨之言，竟然說：「古今天下，豈有四十年太子乎？」康熙經過

3年零7個月的觀察和等待，認為胤礽「怙惡不悛」、「毫無可望」。於是，在康熙五十一年（1712年）再次廢掉了皇太子。此時，康熙59歲，皇太子39歲。這位皇太子在中國歷史上也是獨一無二的，不僅當了37年皇太子，最終沒有成為皇帝，而且被二立二廢。

　　在二廢太子後，康熙心神皆傷，萬念俱灰。之後，一直到他去世之前，他再也沒有公開立過皇太子。為了不勾起對不堪往事的回憶，他自己不談，也不讓大臣們再議論這一敏感的話題。一直到臨死的當天，他才把皇四子胤禛立為皇太子，是為清世宗。清世宗愛新覺羅・胤禛即位後為避諱，諸皇子名中「胤」字輩的，改為「允」字。

鏟除異己：康熙帝智擒鰲拜祕聞

康熙即位時，由於年幼，所以他的父親福臨和他的祖母孝莊為他選擇了四位輔政大臣來協助他管理國家。權力是令皇家兄弟，甚至父子反目的原因，幾乎每個有皇家血統的男子都有爭奪皇位的想法，皇家之外的人也必然少不了這樣的奢望。那麼，當時在康熙和孝莊身邊，握有權力的輔政大臣，比其他人有更好、更多的機會，自然也就會出現想將皇權握於自己手中的人。鰲拜，便是這四個人中最為突出的一個。

康熙初期，鰲拜手中握有兵權，他不僅在朝中獨斷專行，還常常欺負年幼的皇帝。如果朝中有其他的大臣與其意見不合，立刻就會受到他的排擠和打擊。鰲拜還利用自己輔政大臣的特殊身分貪污受賄、結黨營私，甚至用維護祖宗之法為藉口將福臨時期的一些改革措施都推翻，所以，大臣們要麼不與他作對，多一事不如少一事，要麼直接投靠他。

上朝時，他故意站在遏必隆和蘇克薩哈之前，並在皇帝面前大聲呵斥反對他的大臣，如果康熙與他有不同的意見，那麼鰲拜必定會與康熙大聲爭吵，直到康熙讓步與他為止。作為皇帝的康熙對鰲拜有太多的不滿，一心想除掉他，但是，礙於鰲拜手中握有兵權，自己在實力上不一定能取勝，所以，少年天子並沒有輕易行動。

康熙五年（1666年），鰲拜挑起了換地事件。什麼是換地事

件呢？這要從福臨當皇帝的時候說起。清世祖順治初年，攝政王多爾袞利用自己的權勢將本來應該分給鑲黃旗的肥沃土地劃分給了自己管轄的正白旗，而劃給了鑲黃旗比較差的薄地，當時，激起了鑲黃旗人的不滿。但是，到了康熙時代，兩旗人民已經將這件事漸漸淡忘，由於這件事而引起的不合也在慢慢化解。鰲拜卻在這時提出更換，想要擴大鑲黃旗的控制範圍，並用此來打擊反對自己的另一位輔政大臣——蘇克薩哈。

對於鰲拜換地的要求，屬於正白旗的蘇克薩哈當然持堅決反對的意見。但是，由於其他三位輔政大臣都屬於兩黃旗，所以，一時間造成了四位輔政大臣有三位都同意換地的情形。為了達到換地的目的，鰲拜不僅讓大臣們上書，說鑲黃旗的土地「不堪使用」，甚至給孝莊太皇太后施加壓力。

得知此事後，正白旗大臣、戶部尚書蘇納海上書道：「土地分撥已久，並且在康熙三年已經下旨不許再圈佔民間土地，不便更換，請將八旗移文駁回。」鰲拜並不死心，於是，開始了硬性換地，給朝野上下帶來了不小的震動。

康熙對鰲拜挑起的換地事件十分重視，派人調查此事，參與調查的官員是戶部尚書蘇納海，直隸、山東、河南三省總督朱昌祚和巡撫王登聯。他們經過調查後，將旗民們不願換地等情況如實彙報給了康熙，並反對鰲拜搶奪正白旗土地的行為，請求停止。

他們的這一舉動使得本來就在朝廷中橫行霸道的鰲拜十分生氣，認為這三人是在公開和自己作對，於是，以「藐視主上，紛更妄奏」的罪名將三人拘禁，還要將他們處死。刑部認為大清律並無明文規定三人所做的事屬於犯罪，所以，建議鰲拜使用鞭刑，加之沒收家產就可以了。

但是，鰲拜一意孤行，假傳聖旨，把康熙派去調查的三名官員處以絞刑，還殺害了三名官員的家人共百餘口，並沒收家產。除了他們以外，其他對鰲拜圈地、換地表示反對的大臣、官員也無一倖免，不是被降職、革職，就是被充軍為奴。

當鰲拜向康熙報告將蘇納海、朱昌祚、王登聯三位官員處死的消息時，十分輕描淡寫，還給與他不合的蘇克薩哈編造了24條「罪狀」，並要求康熙處置蘇克薩哈。康熙看了這些所謂的罪狀，知道全部是鰲拜在誣陷蘇克薩哈，他不願意按照鰲拜的意思辦。

這時，老奸巨猾的鰲拜看出了康熙的想法，突然跨步來到康熙面前，甚至差一點打到皇帝。看到鰲拜對康熙做出的無禮舉動，在場的大臣竟然沒有一個人敢上前阻止鰲拜，幫助康熙解圍。迫於無奈，年少天子同意了鰲拜的請求，將四大輔政大臣之中唯一反對鰲拜的蘇克薩哈處以絞刑。

經過這次以鰲拜勝利告終的圈地、換地事件，康熙更加堅定了立刻親政的決心。但是，屢次奏請康熙親政的索尼多次遭到鰲拜的阻攔。

在索尼去世後一個多月，康熙六年（1667年）七月，少年天子將索尼當初的奏折「世祖章皇帝亦十四歲親政，今上年德相符，天下事務總攬裕如，懇切奏請」發出，對鰲拜不滿的大臣立刻懂得了康熙的意思，於是，百官共同奏請，康熙假意推辭之後，又詢問了孝莊的意見，孝莊支持康熙親政。同年七月初七，康熙在太和殿舉行了親政大典。

剛剛親政的康熙依然不是個真正的皇帝，只有除去鰲拜，他才能掌握大權，行使皇帝的權力。

四位輔政大臣死去兩個，剩下的一個是鰲拜，一個是對鰲拜

言聽計從的遏必隆。對於鰲拜來說，沒有了阻礙和反對，他更加肆無忌憚、飛揚跋扈。那時的康熙雖然年少，但是卻並不缺少計謀，為了鏟除威脅自己皇位的鰲拜，他不動聲色地開始了自己的計劃。

首先，康熙稱要與索尼的兒子索額圖下棋，於是，將索額圖招進宮，並與他一起商量制伏鰲拜的方法。與索額圖商量之後，康熙決定第一步要先穩住鰲拜，麻痹他，不能讓他發現自己有要除掉他的意思，然後將京師駐軍將領換成皇帝自己的心腹，再訓練一批可以將鰲拜制服的勇士。

幾天後，康熙便下詔對鰲拜進行封賞，甚至還表現出對國事不感興趣的樣子，將一切都交給鰲拜來處理。看到小皇帝這樣對自己，鰲拜認為是康熙怕他，於是，更加有恃無恐，甚至藉口有病而不上朝。

有一次，當康熙來到鰲拜的家中，假意請教他國事怎樣處理時，鰲拜躺在床上裝病，康熙不但沒有揭穿他，還在床邊坐了一會，要他保重身體。康熙要離開時，鰲拜起身，突然一把匕首從床上跌落到地上，保護康熙的侍衛立刻拔刀保護皇上。

鰲拜十分緊張，不知該如何解釋，康熙卻一副若無其事的樣子說：「我們民族的勇士有刀不離身的習慣，老太師有病在身還不忘這個習慣，真是值得我們學習呀！」緊張的氣氛被機智的康熙化解。

除了用各種方式來麻痹鰲拜的警惕之外，康熙還在宮中召集滿洲少年，天天讓他們練習「布庫」（摔跤的意思）。鰲拜從康熙之前的種種的表現分析，認為這只是他貪玩而已，所以並不在意。

康熙八年（1669年），鰲拜被康熙招進宮觀看「布庫」表

演，沒有任何防備的鰲拜在南書房被一群滿洲「布庫」少年擒獲。擒獲鰲拜後，康熙公布了他所犯下的三十大罪狀，為了體現自己的寬大，也為了避免將矛盾激化，康熙並沒有處死鰲拜，而是對他進行了寬大處理：終身監禁、沒收財產。對於遏必隆，則革去了他太師的職務，也同時處置了一批鰲拜的同黨。

就這樣，只用了10天，年紀輕輕的康熙便完成了自己帝王生涯中第一件大事——智擒鰲拜，處理同黨。把鰲拜成功除掉，不僅體現了少年天子康熙的機智和勇敢，更加顯示出一代帝王處理政治事務的能力。

死因懸疑：是自然死還是謀害致死

康熙的第四個兒子雍正即位後，民間就一直有人說康熙不是壽終正寢的，他是被雍正皇帝害死的。真的是這樣的嗎？從康熙晚年言行來看，他的建嗣計劃中培養的對象是胤禵，而不是胤禛。據記載，康熙赴南苑打獵後，因「聖躬不豫，靜攝於暢春園。」（《大義覺迷錄》）隨著病情加重，於清聖祖康熙六十一年（1722年）冬月十三晚去世。

對於康熙的駕崩，在當時就引起了人們的關注。這倒不是因為人們感懷康熙的恩威，而是因為清世宗愛新覺羅・胤禛的突然即位，再加上皇十四子胤禵在政治舞台上的興衰與年羹堯、隆科多之獄的歷史現象，人們才對康熙的死因提出了疑問，而且，至今，人們也一直在猜測。總體來說，對於康熙的死因主要有兩種意見：一是自然病死，二是被皇四子胤禛謀害致死。

如果是自然病死，那麼，康熙的死因就與皇家的記載相同，沒有什麼可以猜測的。但是，如果康熙是被胤禛謀害致死，那麼，在探索康熙的死因時，就要把它與康熙在世時的皇子爭立儲位的鬥爭一起來討論。清代原無預立儲位之制，奉行「有德者即登大位」。康熙十四年（1675年），康熙冊立自己寵愛的二皇子胤礽為皇太子，後在康熙四十七年（1708年）九月以「賦性奢侈」「暴虐淫亂」「語言顛倒，竟類狂易之疾」為由被廢黜。康熙四十八年（1709年），又以「雖被鎮魘，已漸痊可」為托詞，

復立為皇太子。最後在1711年（康熙五十年），終以「狂疾益增，暴戾僭越，迷惑轉甚」的藉口，再將胤礽廢黜禁錮。（《清聖祖實錄》）

實際上，康熙兩次廢立太子，主要是由於太子和諸皇子為了鞏固與爭奪儲位，結黨營私、鉤心鬥角之勢日益嚴重。但廢儲之後，諸皇子的覬覦之心仍未消失。誰來繼承大清的皇位呢？康熙在第二次廢掉太子後，為此傷透了腦筋，但是，他遲遲沒有正式公布人選。所以，康熙死於這種背景之下，很自然會招致人們的議論。

首先來聽聽繼位者清世宗愛新覺羅・胤禛是怎樣說的吧。他說：聖祖康熙六十一年（1722年）冬月十三，「皇考命誠親王允祉、淳親王允祐、阿其那、塞思黑、允䄉、公允祹、怡親王允祥、原任理藩院尚書隆科多至御榻前，諭曰：『皇四子人品貴重，深肖朕躬，必能克承大統，著繼朕即皇帝位』」。當時他未在場，等到他來到暢春園時，「皇考告以症日增之敵……其夜戌時，龍馭上賓……隆科多乃述皇考遺詔。」（《大義覺迷錄》）

清世宗愛新覺羅・胤禛奉命即位。如此述說，康熙純屬自然病死，胤禛登基也是順理成章的。《永憲錄》稱康熙病危時，曾「以所帶念珠授雍親王」。朝鮮《李朝實錄》更為具

康熙帝《南巡圖》（局部）

體地記載道：清聖祖愛新覺羅‧玄燁「解脫其頭項所掛念珠與清世宗愛新覺羅‧胤禛曰：『此乃愛新覺羅‧福臨皇帝臨終時贈朕之物，今我贈爾，有意存焉，爾其知之。』」

對於這些宣傳清世宗胤禛繼位合法性的記載，《清朝野史大觀》是不以為然的。確實，這些記載是否真實，令人頗為可疑。當時就有人認為，康熙本欲傳位給皇十四子胤禵，結果被胤禛等篡改遺詔，毒死康熙，自擁為皇帝。如有些書曾記載了這樣一些說法：「聖祖皇帝原傳十四阿哥胤禵天下，皇上將十字改為於字。」

康熙病中，「降旨召胤禵來京，其旨為隆科多所隱，胤禵不到，隆科多傳旨，遂立當今」。

甚至朝鮮李氏王朝祝賀清世宗胤禛登極的專使回國後都指出：「雍正繼位，或云出於矯詔。」

曾靜對此說得更為明確，「聖祖皇帝在暢春園病重，皇上就進一碗人參湯，不知如何，聖祖皇帝就崩了駕，皇上就登了位」。也就是說，康熙是被毒死的。

早年清史專家孟森先生對康熙之死也深感懷疑。通過文獻的辨析，他認為康熙死於清世宗胤禛的陰謀，這是胤禛「內得力於隆科多，外得力於年羹堯」所造成的（《明清史論著集刊》下冊）。

王仲翰在《清世宗奪嫡考實》一文中也認為清聖祖愛新覺羅‧玄燁被謀害致死之說不是捏造的，並以義大利人馬國賢身臨其境目擊其事的記載斷言：「駕崩之夕，號呼之聲，不安之狀，即無鴆毒之事，亦必突然大變。」（《清史雜考》）

近年許曾重指出：清聖祖愛新覺羅‧玄燁去世和清世宗愛新覺羅‧胤禛嗣位「是一場以武力為後盾，精心策劃，巧妙安排的

宮廷政變」，是「隆科多在藥品或是食物中投放了致命性的毒藥」害死了康熙（《清史論叢》第四輯）。

不過，針對康熙被謀害致死說，也有人認為這是經不起推敲的。因為康熙生前對胤禛較為信任，臨終傳位，完全可能，而且康熙久病在身，因感冒引起其他病狀，其死亡實屬正常。再則康熙本人對人參「不輕用藥」，加上警衛森嚴，用人參湯毒死他是很難的。

總之，康熙死因的爭論已持續了二百多年，究竟是病死，還是被毒死，還須對當時的歷史狀況和史料真偽作進一步的探索。

清世宗雍正皇帝胤禛

一生太多疑和問

　　愛新覺羅・胤禛是清朝入關之後第三任皇帝。胤禛是孝恭仁皇后烏雅氏所生之子，生於清聖祖康熙三十七年（1698年），是康熙的第四子。康熙六十一年（1722年），45歲的胤禛繼承帝位，年號雍正。「雍正」是雍親王得位正、為君正的意思。在位13年，死於圓明園。

　　清世宗愛新覺羅・胤禛在位期間，對清廷機構和吏治，做了一系列改革。特別是清世宗雍正七年（1729年），在他出兵青海，平定羅卜藏丹津叛亂後，為提高軍務效率，在離養心殿百步之遙的隆宗門內設立軍機處，更是鑄就了沿襲至清末的帝後獨攬軍政要務的集權模式。有鑒於康熙朝諸皇子爭儲位的慘痛教訓，胤禛創立祕密建儲制，即將已選定的儲君姓名，寫好密藏匣內，再置於乾清宮「正大光明」匾後，以備不測。這一制度，有助於以後乾嘉道咸幾朝皇權的順利過渡。

　　愛新覺羅・胤禛廟號「世宗」，諡號「敬天昌運立中體正文武英明寬仁信毅睿聖大孝至誠憲皇帝」。

眾說紛紜：雍正皇帝登基之謎

清聖祖愛新覺羅‧玄燁去世之後，清世宗愛新覺羅‧胤禛，也就是雍正皇帝登基。他是怎樣坐上這個皇位的，卻有很多種不同的說法。

第一種是遺詔繼位說。這種觀點的理由有：雍正受到皇父康熙的信任，派他到天壇代行祭天大典，說明康熙臨終前有意讓雍親王繼承皇位。有康熙遺旨為證。康熙六十一年（1722年）冬月十三，康熙病重，《清聖祖仁皇帝實錄》記載：召皇三子誠親王允祉、皇七子淳郡王允祐、皇八子貝勒允禩、皇九子貝子允禟、皇十子敦郡王允䄉、皇十二子貝子允祹、皇十三子允祥、理藩院尚書隆科多至御榻前，諭曰：「皇四子清世宗愛新覺羅‧胤禛，人品貴重，深肖朕躬，必能克承大統，著繼朕登基，即皇帝位。」還有《康熙遺詔》為證（《康熙遺詔》今存中國第一歷史檔案館），上面寫道：「皇四子清世宗愛新覺羅‧胤禛，人品貴重，深肖朕躬，必能克承大統，著繼朕登基，即皇帝位。」

第二種是改詔篡位說。有這種觀點的人認為雍正並沒有得到康熙的真正認可，而且現代的很多小說和影視作品中，以改詔篡位為基礎的也很多，於是，在它們的影響之下，不少對史實並不了解的人，便認為雍正確實是改了康熙的遺詔才登上皇位。對於了解歷史又抱有這種觀點的人來說，他們認為：清世宗愛新覺羅‧胤禛雖在康熙眼中印象不錯，讓他代到天壇祭天，但不能證

明康熙有意、有遺旨讓他繼位。

康熙在臨終的當天（十三日）寅刻，宣召皇三子、皇七子、皇八子、皇九子、皇十子、皇十二子、皇十三子共7位阿哥和隆科多進宮，向他們宣諭：「皇四子清世宗愛新覺羅·胤禛，人品貴重，深肖朕躬，必能克承大統，著繼朕登基，即皇帝位。」這麼重要的決定，既然將繼位大事告訴七位阿哥和隆科多，為什麼不向當事人——繼位者胤禛宣諭？

所以有的學者認為這件事是無中生有，是雍正繼位後編造的。如果說胤禛當時代父到天壇祭天不在西郊，那麼胤禛在當天曾三次受召到康熙榻前問安，《清聖祖仁皇帝實錄》康熙六十一年冬月十三記載：「皇四子聞召馳至。巳刻，趨進寢宮。上告以病勢日臻之故。是日，皇四子三次進見問安。」

可見這時康熙並沒有糊塗。可他為什麼在從早上8點到晚上8點這12個小時之間，三次召見胤禛，都沒有當面告訴由他繼承皇位？有的學者認為：這反倒證明康熙沒有向7位皇子宣布由胤禛繼位遺旨這件事。康熙嚥氣之後，為什麼由隆科多一人單獨向胤禛宣諭由皇四子繼位的遺詔？而宣諭康熙遺詔時王公大臣和其他兄弟都不在場？

有的學者認為：這個康熙遺詔是假的。康熙崩逝的噩耗傳出，京城九門關閉6天，諸王非傳令旨不得進入大內。這就使人們產生「雍正政變」的疑問。《康熙遺詔》自然應在康熙去世之前已經定稿並經康熙審定，本應在康熙十三日死後立即當眾宣布，為什麼到十六日才公布？可見這段記載有偽造的嫌疑。

經過清史專家研究，這份《康熙遺詔》是參照清聖祖康熙五十四年（1715年）冬月二十一諭旨加以修改而成的。康熙帝說：「此諭已備十年，若有遺詔，無非此言。」因此，有的學者認

為：康熙「遺詔漏洞百出。」還有人說，雍正帝死後不埋在清東陵而埋在清西陵，說明他得位不正，不願意、沒有臉面在地下見他的皇父康熙、祖父順治帝福臨。

雍正帝對諸多兄弟或殺害、或監禁，似有「殺人滅口」或有口不能說之嫌。雍正帝繼位後殺年羹堯、隆科多是為了「殺人滅口」這一說是不正確的，雍正即位很多年以後，仍然重用年羹堯，但是年羹堯越來越囂張跋扈，讓朝廷上下氣憤，雍正帝才「揮淚斬人」。

有些學者認為，康熙意中的繼承者是皇十四子允禵，康熙派他做撫遠大將軍，就是讓他立軍功、掌軍權、樹威信以備接班。但是當時康熙已經年老隨時會有駕崩的可能，戰爭又是沒有期限的，怎麼可能會不把繼承人放到身邊呢？

還有的學者認為，康熙臨死之前，沒有留下讓雍親王繼位的遺詔。這份所謂《康熙遺詔》是偽造的。康熙剛死，就傳出雍正黨人將康熙遺囑「傳位十四子」，篡改作「傳位於四子」的說法。共有胤禛改詔、隆科多改詔、年羹堯改詔三種說法。

如說康熙臨終前本來發了一道詔諭，叫遠在西寧的撫遠大將軍、皇十四子允禵緊急回京繼位，卻被步軍統領隆科多捏在手裡不發，改作「傳位於四子」。此屬傳聞，不為史實。因為如果康熙帝真有「傳位於四子」的遺囑，那麼：第一，當時繁體字的「於」寫成「于」，「十」字很難改成「于」字；第二，當時行文規範是「皇某子」，「于」與「四」之間隔了一個「皇」字，很難改；第三，滿文為清朝的國書，如此重要的遺旨應同時以滿、漢兩種文字書寫，滿文又豈能改「十」為「于」？雍正帝是否更改名字？有人說：康熙遺囑傳位「胤禵」（皇十四子），因「胤禵」與「胤禛」字形、字音相近，胤禛遂取而代之。後將

《玉牒》的名字挖改。雍正帝又命十四弟改名允禵。這就是「玉牒易名」說。

學界對雍正帝改名看法頗不一致。一種看法是，皇四子就叫胤禛，皇十四子就叫胤禵。胤禛做了皇帝之後，命他的兄弟將名字中的「胤」字，改為「允」字，皇十四弟改名允禵以示避諱。總之，康熙臨終前立皇十四子允禵繼位說，可謂是：事出有因，查無實據。既然康熙晚年沒有「立儲」，雍正帝登極之前康熙沒立「儲位」，雍正帝何位之可篡？所以不能說雍正帝繼位是「篡位」。

第三種是無詔奪位說。前面的第二種說法中提到可能康熙在臨終前並沒有立下遺詔，那麼，雍正帝的皇位就是在與各個兄弟多年的鬥爭中取得的。

不管雍正帝用什麼方式成為了皇位的繼承者，正史之中只會記載對於皇帝來說好的事情。所以，後人只能猜測，卻無法真正地將歷史還原。雍正帝成為眾多皇子中最後的勝利者，奪得皇位也就成為了他平生最得意的事情。

刻薄寡恩：雍正帝幽禁兄弟祕聞

雍正皇帝繼位之後，曾經與他一起爭奪過大位的兄弟們，受到了他的不同待遇。大阿哥允禔，在太子廢立中得罪了康熙，被奪封爵，幽於府第。康熙派貝勒延壽等輪番監守，並嚴諭：疏忽者，當族誅。清世宗雍正十二年（1734年）死，以貝子禮殯葬。

二阿哥即被兩立兩廢的太子允礽，被禁錮在咸安宮。雍正帝仍不放心，一方面封其為理郡王，另一方面又命在山西祁縣鄭家莊蓋房駐兵，將允礽移居幽禁。清世宗雍正二年（1724年），允礽去世。

三阿哥允祉，本不太熱心皇儲，一門心思編書。雍正帝即位後，以「允祉與太子素親睦」為由，命「允祉守護景陵」，發配到遵化為清聖祖愛新覺羅‧玄燁守陵。允祉心裡不高興，免不了私下發些牢騷。雍正帝知道後，乾脆將允祉奪爵，幽禁於景山永安亭。清世宗雍正十年（1732年），允祉死。

五弟允祺，康熙親征噶爾丹時，曾領正黃旗大營，後被封為恆親王。允祺沒有結黨，也沒有爭儲。雍正帝繼位後，藉故削其子的封爵。清世宗雍正十年（1732年），允祺死。

七弟允祐，清世宗雍正八年（1630年）死。

八弟允禩，是雍正帝兄弟中最為優秀、最有才能的一位。但是，「皇太子之廢也，允禩謀繼立，世宗深憾之」。雍正帝繼位後，視允禩及其黨羽為眼中釘、肉中刺。允禩心裡也明白，常快

快不快。雍正帝繼位,耍了個兩面派手法:先封允禩為親王——其福晉對來祝賀者說:「何賀為?慮不免首領耳!」這話傳到雍正帝那裡,命將福晉趕回娘家。不久,藉故命允禩在太廟前跪一晝夜。後命削允禩王爵,高牆圈禁,改其名為「阿其那」。

「阿其那」一詞,學者解釋有所不同,過去多認為是「豬」的意思,近來有學者解釋為「不要臉」。允禩又被幽禁,受盡折磨,終被害死。九弟允禟,因同允禩結黨,也為雍正所不容。允禟心裡明白,私下表示:「我行將出家離世!」雍正帝哪能容許允禟出家!他藉故命將允禟革去黃帶子、削宗籍,逮捕囚禁。改允禟名為「塞思黑」。

「塞思黑」一詞,過去多認為是「狗」的意思,近來有學者亦解釋為「不要臉」。不久給允禟定28條罪狀,送往保定,加以械鎖,命直隸總督李紱幽禁之。允禟在保定獄所備受折磨,以「腹疾卒於幽所」,傳說是被毒死的。

十弟允䄉,因黨附允禩,為雍正帝所恨。清世宗雍正元年(1723年),哲布尊丹巴胡圖克圖來京病故,送靈龕還喀爾喀(今蒙古國),命允䄉齎印冊賜奠。允䄉稱有病不能前行,命居住在張家口。同年藉故將其奪爵,逮回京師拘禁。直到清高宗乾隆二年(1737年)才開釋,後死。

十二弟允祹,清聖祖愛新覺羅·玄燁末年任鑲黃旗滿洲都統,很受重用,也很有權,但沒有結黨謀位。雍正帝剛即位,封允祹為履郡王。不久,藉故將其降為「在固山貝子上行走」,就是從郡王降為比貝勒還低的貝子,且不給實爵,僅享受貝子待遇。不久,又將其降為鎮國公。乾隆即位後被晉封為履親王。允祹一直活到清高宗乾隆二十八年(1763年),享年78歲。

十四弟允禵,需要特別說明,胤禵是康熙的第十四子,其生

母為德妃烏雅氏,即孝恭仁皇后。他本是胤禛的同母兄弟,可是在康熙末年宮中爭奪皇位的鬥爭中,這親兄弟二人竟成了不共戴天的仇敵。胤禛登極後將胤禵幽禁起來,直至胤禛死後,胤禵才恢復了自由。他雖與雍正帝一母同胞,但因他黨同允禩,又傳聞康熙臨終前命傳位「胤禵」而「雍正黨」篡改為「清世宗愛新覺羅‧胤禛」,所以二人成了不共戴天的冤家兄弟。雍正帝即位,先是不許撫遠大將軍允禵進城弔喪,又命其在遵化看守父皇的景陵,再將其父子禁錮於景山壽皇殿左右。乾隆繼位後,將其開釋。

十五弟允禑,在康熙帝死後,雍正命其守景陵。

境遇比較好的有三人:就是其十三弟允祥、十六弟允祿和十七弟允禮。允祥,曾被康熙幽禁,原因不詳。雍正帝繼位,即封允祥為怡親王,格外信用。允祿,過繼給莊親王博果鐸為後,襲封莊親王。允禮,雍正帝繼位後封為果郡王,再晉為親王,先掌管理藩院事,繼任宗人府宗令、管戶部。允祥和允禮顯然早加入「胤禛黨」,只是康熙在世時,十分隱祕,沒有暴露。

從胤禛處理兄弟們的態度上來看,絕非傳說中的不顧手足之情,他並沒有採取一味打擊的政策,而是採用了拉打結合的政策,這也是封建君王集權主義思想的表現,即「順我者昌,逆我者亡」。因為只有這樣,才能加強中央集權,鞏固統治地位。歷史上的每一個皇帝有其寬仁的一面,也必有其嚴厲的一面,否則就很難穩定民心,一統江山。

身後謎團：雍正皇帝死因懸疑

　　清世宗雍正十三年（1735年）八月，雍正皇帝在北京圓明園去世，據《清世宗實錄》和《張廷玉年譜》記載：清世宗雍正十三年（1735年）八月二十，胤禛偶感違和，仍照常聽政，並召見臣工。二十一日，病情加重，照常理政。大學士張廷玉每日進見，未嘗間斷。皇四子寶親王弘曆、皇五子和親王弘晝等，御榻之側，朝夕侍奉。二十二日，病情惡化，太醫搶救。二十三日子時，進藥無效，龍馭上賓。前後三天，可算急症。胤禛突然而死，官書不載原因。於是，關於雍正皇帝的真正死因，產生了多種猜測的說法。

　　第一種說法：胤禛是被呂四娘殺死的，稗官野史如《清宮十三朝》《清宮遺聞》等書，都有雍正遇刺身亡之文。傳說呂四娘是呂留良的女兒，也有說是呂留良的孫女。當年，呂留良因文字獄被死後戮屍，呂氏一門，或被處死，或被遣戍。但呂四娘攜母及一僕逃出，隱姓埋名，潛藏民間。呂四娘拜師習武，勤學苦練，尤長劍術，技藝高超。後來，呂四娘喬裝改扮，混入深宮，一日，乘機砍掉雍正腦袋。或說，呂四娘的師傅，原是雍正帝的劍客，後離去，培養了女徒呂四娘。

　　這個民間傳說，流傳二百多年。到1981年，曾發掘雍正帝泰陵地宮，未打開，即作罷。但民間傳言雍正帝棺材已經打開，雍正帝的遺體有屍身而無屍首，想以此證明胤禛之頭是被呂四娘砍

掉的。這些傳說，都是無中生有，純屬野史逸聞。

　　學者認為，呂留良之案，呂氏一門，男女老幼，俱已嚴禁，不能逃逸。就連呂留良父子墳墓，都加以監視，呂女不可能逃脫。所以，呂四娘行刺雍正帝說，實屬子虛烏有，絕不可信。

　　第二種說法：雍正帝是被曹雪芹和竺香玉合謀毒死的。據傳《紅樓夢》的作者曹雪芹，有個戀人叫竺香玉，是林黛玉的化身。竺香玉後來被雍正帝霸佔成為皇后。曹雪芹想念戀人，就找了一個差事混入宮中，與竺香玉合謀，用丹藥將雍正帝毒死。這是編造的故事，純屬無稽之談。

　　第三種說法：雍正帝是被宮女縊死的。柴萼《梵天廬叢錄》記載：傳說清世宗雍正九年（1731年），宮女伙同太監吳首義、霍成，伺候胤禛睡熟，用繩縊殺，氣將絕，被救活。這個逸聞源自明世宗嘉靖皇帝的真實故事。明世宗嘉靖二十一年（1542年），宮女楊金英等「伺帝熟睡，以組縊帝項，誤為死結，得不絕。」同伙張宮女害怕，跑去報告方皇后。皇后趕到，解帛組，帝氣絕，命召太醫許紳急救。

　　《明史‧許紳傳》記載：「紳急調峻藥下之，辰時下藥，未時忽作聲，去紫血數升，遂能言，又數劑而愈。」事後將楊金英等磔死。顯然，胤禛與嘉靖帝的廟號都是「世宗」，這個清世宗被宮女縊殺的故事，完全是明世宗被宮女勒縊故事的翻版。所以，宮女縊勒雍正帝說，實屬移花接木，張冠李戴。

　　第四種說法：雍正帝是服丹藥中毒而死的。雍正帝在沒當皇帝的時候，就對丹藥產生了興趣。他曾寫過一首《燒丹》詩：「鉛砂和藥物，松柏繞雲壇。爐運陰陽火，功兼內外丹。」從中可以看出，雍正帝早年就對煉丹有了相當的研究和興趣。當上皇帝後，極力推崇金丹派南宗祖師張伯端，把他封為「紫陽真

人」，雍正帝特別贊賞張伯端發明的金丹要領。至少從清世宗雍正四年（1726年）開始，雍正帝就經常吃道士煉製的一種叫「既濟丹」的丹藥。從他對田文鏡奏折的批語中，可以知道他感覺服後有效，還把丹藥作為禮品賞賜給鄂爾泰、田文鏡等大臣。在雍正帝大搞道教活動的同時，在圓明園內開始祕密升火煉丹。

清宮《活計檔》是專門記載皇宮日用物品的內務府賬本，裡面披露了雍正帝煉丹的一些情況。根據檔案記載，在一個多月的時間裡，往秀清村送的木柴、煤炭就有兩千多公斤。清代皇家宮苑取暖做飯所用燃料都是定量供應，並有專門賬本，從不記入《活記檔》。同時，操辦這件事情的海望是雍正帝心腹，劉勝芳則是雍正帝醫療保健的總管太醫院院使。而檔案中的「礦銀」、「化銀」等，是煉丹所用必需品。

由此可以得出結論，從雍正八年末，雍正帝就在圓明園秀清村開始煉丹了。專家從《活計檔》中發現，從雍正八年到十三年這5年間，雍正帝先後157次下旨向圓明園運送煉丹所需物品，其中光為煉丹用的煤炭就有234噸，此外還有大量礦銀、紅銅、黑鉛、硫黃等礦產品，由此可以想見幾年間秀清村煉丹的情景。雍正帝吃了道士煉製的丹藥，自我感覺良好，所以他不但自己吃丹藥，還拿出一部分賞賜給親信官員。

事實上，煉丹所用的鉛、汞、硫、砷等礦物質都具有毒性，對大腦和五臟侵害相當大。雍正帝死前的12天，《活計檔》中曾記錄：「總管太監陳久卿、首領太監王守貴一同傳話：圓明園要用牛舌頭黑鉛二百斤。」黑鉛是有毒金屬，過量服食可使人致死。100公斤黑鉛運入圓明園，之後不久雍正帝在這個園子內突然死去，史學家認為這不是偶然巧合，而是直接證明了雍正帝之死，完全有可能是丹藥中毒造成的。

隨著雍正檔案發掘和研究，雍正帝服丹致死說法越來越引起一些史學家的關注和認同。因為從清宮檔案看，雍正帝確實長期服食丹藥。那麼，丹藥的有毒成分在他體內長期積累，最終發作，導致了他的暴亡，是極有可能的，不少專家都通過著作對此進行了詳細的推斷。

學者們還普遍注意到，雍正帝的兒子弘曆對煉丹道士的處理露出了許多破綻。就在雍正帝死後的第二天，剛剛即位的弘曆便下令驅逐煉丹道士張太虛、王定乾。如果不是他們惹下彌天大禍，在這種非常時刻弘曆哪至於大發肝火，還專門為兩個小小的道士發一道上諭呢？

弘曆在諭旨中還特別強調，雍正帝喜好「爐火修煉」是有的，但只是作為遊戲，並沒有吃用丹藥。如果真的沒有吃丹藥又何必辯解呢？就在驅逐道士的同一天，乾隆帝還告誡宮內太監、宮女不許亂傳「閒話」，免得讓皇太后「心煩」。雍正帝剛死，究竟能有什麼「閒話」？皇太后為什麼聽了「心煩」？所有這些，不能不讓人推測雍正帝就是死於服用有毒的丹藥，死於煉丹道士之手。

第五種說法：雍正帝是患中風而死的。不過，雍正帝「是中風死去的」，這個重要論斷，需要史料證明。

總之，雍正皇帝的死因給後人留下了許多謎團，讓後人不斷猜測。究竟他是何因而死，是被殺還是他殺，不得而知。

清高宗乾隆皇帝弘曆

千秋功過難評定

　　清高宗愛新覺羅・弘曆，生於清聖祖康熙五十年（1711年）八月，死於清仁宗嘉慶四年（1799年）正月，是清朝第五個皇帝，入關後的第四個皇帝。

　　弘曆是清世宗愛新覺羅・胤禛的第四子。雍正元年（1723年），弘曆被立為太子；雍正十一年（1731年），被封為和碩寶親王，開始參與軍國要務；雍正十三年（1735年），清世宗愛新覺羅・胤禛去世，弘曆即位，改年號乾隆。由此，清高宗愛新覺羅・弘曆站到了當時中國社會的制高點，開始施展其「文治武功」。

　　弘曆在位60年，退位後又當了3年太上皇，所以說，雖然弘曆正式在位的時間沒有他的爺爺長，但是，弘曆才是實際統治中國時間最長的皇帝。

　　雍正十三年（1735年），清世宗愛新覺羅・胤禛駕崩，25歲的清高宗愛新覺羅・弘曆順利繼承皇位。嘉慶四年（1799年），弘曆病逝。終年89歲。諡號「高宗法天隆運至誠先覺體元立極敷文奮武欽明孝慈神聖純皇帝」。

身世懸疑：弘曆的生身母親是誰

關於清高宗愛新覺羅‧弘曆（乾隆帝）的出生，皇家的《玉牒》雖記載出生時間、生身母親，卻不記載出生地點。弘曆本人認為自己出生在雍和宮，清高宗乾隆朝有人提出弘曆出生在避暑山莊，嘉慶帝對避暑山莊說先承認後否認，道光帝再否認，弄得清高宗乾隆、清仁宗嘉慶、清宣宗道光三朝，朝廷上下，京城內外，官方文獻，御制詩文，野史筆記，民間傳說，極為熱鬧，非常有趣。

特別是到了清末民國初年，反清情緒推波助瀾，戲劇小說沸沸揚揚，又敷衍出別的說法。概括來說，關於弘曆的出生地有三種說法：一說是出生在雍和宮，二說是出生在避暑山莊，三說是出生在陳家。

〔第一種說法〕

雍和宮說。清高宗愛新覺羅‧弘曆出生在什麼地方，按理說，弘曆的母親最清楚，可惜他母親沒有留下文字記載，已經死無對證。雍正也從來沒有說過。倒是弘曆自己說出他的出生地點。弘曆自己認為：他生在雍和宮。清聖祖康熙三十七年（1698年），弘曆的父親胤禛被冊封為「多羅貝勒」，第二年分府居住，搬出皇宮。新府在內城東北隅的一處院落，這裡原是「明內宮監官房」，清初劃給內務府作官用房舍，賜給胤禛後，這裡俗稱為「禛貝勒府」或「四爺府」。康熙四十八年（1709年），胤

禛被晉封為雍親王,他的住所就被稱為「雍親王府」。兩年以後,弘曆出生。胤禛繼位後,原來的雍親王府賜名為「雍和宮」。弘曆登極後,把雍和宮改成喇嘛廟。直到今天,雍和宮仍是著名的藏傳佛教廟宇。弘曆在步入老年以後,曾經多次以詩或以詩注的形式,表明自己是出生在雍和宮。例如:清高宗乾隆四十四年(1779年)新春,弘曆在《新正雍和宮瞻禮》詩中說:「齋閣東廂胥熟路,憶親唯念我初生。」在這裡,弘曆不僅認定自己誕生在雍和宮,而且還指出了具體的出生地點,就在雍和宮的東廂房。

〔第二種說法〕

避暑山莊說。提出弘曆出生在避暑山莊的官員名叫管世銘,當時任軍機章京。管世銘隨清高宗愛新覺羅・弘曆一起去避暑山莊木蘭秋獮,寫下《扈蹕秋獮紀事三十四首》(收入《韞山堂詩集》),其中第四首涉及弘曆的出生地:「慶善祥開華渚虹,降生猶憶舊時宮。年年諱日行香去,獅子園邊感聖衷。」

管世銘在這首詩的後面有個「詩注」,說:「獅子園為皇上降生之地,常於憲廟忌辰臨駐。」這裡明確地說:獅子園是弘曆的誕生地。因此,弘曆常在先帝胤禛駕崩的忌日(八月二十三),到這裡小住幾天。獅子園是承德避暑山莊外的一座園林,因為它的背後有一座形狀像獅子的山峰而得名。康熙到熱河避暑時,胤禛作為皇子經常隨駕前往,獅子園便是弘曆一家當時在熱河的住處。管世銘等一些朝野人士認為:避暑山莊獅子園是弘曆的出生地。

這裡要介紹一下管世銘。管世銘,字緘若,也稱「韞山先生」,江蘇武進人,清高宗乾隆四十三年(1778年)進士,五十一年(1786年)十月以戶部主事入值軍機處,六十年(1795

年），改任浙江道監察御史，經大學士、首席軍機大臣阿桂奏請，仍留軍機處供職。嘉慶三年（1798年）冬月十二去世。雖然管世銘的官品並不算高，但作為軍機章京長達十餘年，又和當朝元老首席軍機大臣阿桂有特殊關係，所以了解一些內廷掌故和宮闈祕聞。管世銘隨扈弘曆木蘭秋獮，應當比較熟悉皇帝在避暑山莊的起居行止。而且，當年康熙駐蹕避暑山莊，確實多次親臨獅子園，與弘曆一家團聚。清聖祖康熙、清世宗雍正、清高宗乾隆三代皇帝曾經在獅子園相聚，成為清朝歷史上的一段佳話。

所以，軍機章京管世銘明確地寫出：「獅子園為皇上降生之地。」管世銘是當朝人寫當朝事，在文字獄大興的時代，這樣寫應當是有所依據的。

像管世銘這樣的說法在當時具有一定的代表性，連弘曆的兒子嘉慶也曾說父皇出生地是避暑山莊。清高宗乾隆六十年（1795年），弘曆宣布皇十五子顒琰為皇太子。第二年元旦，37歲的顒琰正式即位

乾隆帝

展開嘉慶君的時代。乾隆則禪位，做太上皇。清仁宗嘉慶元年（1796年）八月十三，弘曆首次作為太上皇在避暑山莊過萬萬壽節（皇帝生日稱萬壽節，太上皇生日稱萬萬壽節），慶祝86歲大壽，顒琰特別寫作《萬萬壽節率王公大臣等行慶賀禮恭紀》詩慶賀。詩云：

肇建山莊辛卯年，壽同無量慶因緣。

其下注云：清聖祖愛新覺羅‧玄燁「辛卯肇建山莊，皇父以是年誕生都福之庭。山符仁壽，京垓億秭，綿算循環，以祜冒奕祀，此中因緣，不可思議。」註解意思是說：皇祖在康熙辛卯年（康熙五十年）題寫了「避暑山莊」匾額，皇父弘曆也恰好在這年降生在避暑山莊，這是值得慶賀的福壽無量的因緣！

嘉慶二年（1797年），弘曆又到避暑山莊過生日，顒琰隨駕到避暑山莊，再次寫《萬萬壽節率王公大臣等行慶賀禮恭紀》詩祝壽，在詩文的注釋中，嘉慶把父皇乾隆的出生地說得更明確了：「敬惟皇父以辛卯歲，誕生於山莊都福之庭。躍龍興慶，集瑞鍾祥。」以上兩條詩注，都表明：弘曆出生在承德避暑山莊。人們把顒琰的詩和管世銘的詩聯繫起來考慮，很多人認為弘曆的出生地是避暑山莊。

嘉慶八年（1803年），顒琰諭旨梓行《御制詩初集》，就是出版清仁宗愛新覺羅‧顒琰個人的詩集。上述兩首詩收錄集中，並刊行於世。說明顒琰到這時還是認為父皇弘曆出生在承德避暑山莊。可見，弘曆的誕生地在避暑山莊，是當時的一個通行說法。所以後來有官員說：「獅子園說其訛傳久矣。」

〔第三種說法〕

出生在陳家。相傳乾隆皇是漢官陳閣老陳世倌的兒子。陳世倌是浙江海寧人，清聖祖康熙年間入朝為官，與雍親王家常有來

往。有一年,雍親王的福晉和陳閣老的夫人在同一天生下了孩子,雍親王讓陳閣老家把夫人生的男孩抱進王府看看。陳家把男孩送去,當天王府把孩子送出來,陳閣老回到家中一看,自己原來的那個男孩已經變成了女孩,陳閣老知道事關身家性命,不敢聲張。那個抱入王府的男孩就是後來的清高宗愛新覺羅·弘曆。

弘曆即位為帝以後,知道了真相,便六下江南,探望親生父母,並且六次南巡之時,有四次住在陳閣老家的安瀾園,以便和父母相聚。最早提出這種說法的是晚清天嘏所著的《清代外史》,書中一個醒目標題便是《弘曆非滿洲種》。這本書還說,弘曆知道自己不是滿族人,因此在宮中常常穿漢服,還問身邊的寵臣自己是否像個漢人。應該說,這本書是沒有什麼根據的,只是單純地美化滿族統治的正統性,而廣大漢族人也並不認同這個說法。

公元1925年,名噪一時的鴛鴦蝴蝶派大家之一的許嘯天在上海出版《清宮十三朝演義》,從愛新覺羅·祖布庫裡雍順,一直寫到愛新覺羅·宣統大婚。關於弘曆家世,書中說:清高宗愛新覺羅·弘曆原是陳閣老陳元龍的兒子,被雍親王妻子用掉包計換了來。弘曆長大後,從乳母嘴裡得知隱情,便借南巡之名,去海寧探望親生父母。但這時陳閣老夫婦早已去世,弘曆只得到墓前,用黃幔遮著,行了做兒子的大禮。

許嘯天編寫的雖是百年前的弘曆故事,卻融入了上海灘十里洋場的韻味,再加上文筆如行雲流水般的自然生動,因而十分投合市井平民的胃口。隨著《清宮十三朝演義》的風靡一時,弘曆是海寧陳閣老之子的說法更是不脛而走,廣為人知。

近些年來,有關弘曆是海寧陳家之子的傳聞仍然接連不斷地闖入文藝作品,其中影響最大的便是武俠小說大家金庸的《書劍

恩仇錄》。金庸就出生在浙江海寧，祖上是清朝大官，從小聽的就是有關清高宗愛新覺羅·弘曆的種種傳說。他的第一部武俠小說《書劍恩仇錄》，便是緊緊圍繞著弘曆的身世之謎展開的。金庸的小說精彩紛呈，使乾隆是海寧陳家之子的說法傳得更廣了。

這麼一來，關於清高宗愛新覺羅·弘曆的身世真的是撲朔迷離，徹底成為一個謎了。

伊人香消：乾隆帝香妃身世祕聞

談起香妃，很多人都知道。但是歷史上是否真有其人？她的身世如何？她是怎麼死的？她死後究竟葬在哪裡——是新疆喀什？是北京陶然亭？還是遵化清東陵？

世間有種種野史、筆記、小說、詩文、戲劇、影視，對此說法不一，令人迷惑，無所適從。

關於香妃的傳說，在民間主要有兩個版本：

一是香妃喜劇說：香妃天生麗質，身有異香，美貌絕倫。她家世居南疆葉爾羌（今莎車），兄長因不滿霍集佔虐政，舉家搬到伊犁。其兄在反對霍集佔之亂中，心向清朝，立下功勞。他們受召，到了京師，後來長住在北京。香妃入宮，受到皇太后的喜愛和乾隆帝的寵幸，生活過得很幸福。香妃死後，乾隆聞訊，悲痛不已，恩准將香妃屍骨運回新疆喀什入葬。

二是香妃悲劇說：香妃是乾隆年間平定回部大小和卓木叛亂時，被擄進皇宮的。乾隆因其貌美，且體有異香，而冊封為香妃，並對她大加恩寵。但香妃矢志守節，隨身懷刃，準備殺帝報仇。皇太后聞訊，召妃入宮，賜死，後葬到清東陵。

蔡東藩《清史演義》《清朝野史大觀》，以及金庸《書劍恩仇錄》等書，所描寫的故事大體雷同。戲劇《香妃恨》《香妃》，以及20世紀50年代上演的《伊伯爾罕》等，也都是按照這個悲劇故事編寫的。這個傳說沒有歷史根據，絲毫不足取信，詳

見孟森的《香妃考實》。

對於香妃的傳說，在國外也有影響。美國作家豪比·當彼寫了一本《圓明園及其住在那裡皇帝的歷史》，書中介紹了香妃的故事。

有學者認為，香妃就是容妃。歷史文獻與考古發掘都有關於容妃的史實。《清史稿·后妃傳》記載：「容妃，和卓氏，回部台吉和札賚女。初入宮，號貴人。累進為妃。薨。」

據學者考證：容妃（1734年—1788年），霍卓氏，又作和卓氏，生於雍正十二年（1734年）九月十五日，比乾隆小23歲。容妃進宮時間說法不一：一說是在乾隆二十五年（1760年）春入宮，年27歲。初為貴人，乾隆二十七年（1762年）冊封為容嬪，年29歲。每年例銀300兩（相當於知縣的五倍）。她的哥哥也被封為輔國公。乾隆三十年（1765年）南巡，容嬪隨駕，到過揚州、蘇州、江寧（南京）、杭州。乾隆特意按回部習俗，賞她羊肚片、燉羊肉等食物。乾隆三十三年（1768年），冊封為容妃。

乾隆三十六年（1771年）春，容妃隨皇太后、乾隆東巡，遊覽泰山、祭拜孔廟，路上受賞回回餑餑等食品。乾隆四十三年（1778年），容妃隨乾隆到盛京，在塞外中秋之夜，受賞「奶子月餅」。到達木蘭圍場，乾隆獵獲野豬和狍子，賞眾妃野豬肉，而賞容妃狍子肉。乾隆為容妃安排了回族廚師，為她做回俗清真飯菜如羊肉餛飩等。

乾隆帝還為容妃修建寶月樓。清朝在乾隆以前，沒有回族妃嬪的先例。容妃以回部女子至清朝，乾隆不把她安置在後宮，特營建西苑寶月樓，作為金屋藏嬌之所。樓南隔街建「回子營」，修禮拜寺。乾隆御制詩中，有關寶月樓的詩很多。

乾隆二十五年（1760年）夏月，詩云：「輕舟遮莫岸邊維，

衣染荷香坐片時；葉嶼花台雲錦錯，廣寒乍擬是瑤池。」此以嫦娥比擬容妃。乾隆二十八年（1763年）新年又做詩云：「冬冰俯北沼，春閣出南城。寶月昔時記，韶年今日迎。屏文新茀祿，鏡影大光明。鱗次居回部，安西繫遠情。」乾隆自注：「樓近倚皇城南牆。牆外西長安街，內屬回人衡宇相望，人稱『回子營』。新建禮拜寺，正與樓對。」

當時，八旗以外的所有百姓都住外城。唯獨回子營近在咫尺，依靠九重。這是乾隆愛屋及烏。乾隆為容妃興建寶月樓的原因是：

第一，言語文化不同。容妃講維族語，不便與諸妃嬪住在一起交流，特隔於南海最南之地，其地又距外朝之外垣。這裡同皇宮既聯繫又分割，環境幽雅，湖水漣漪。乾隆會維吾爾語，可以同容妃用維語直接交談。

第二，飲食習慣不同。皇后的正宮坤寧宮兼作薩滿祭祀的場所。坤寧宮每日進豬兩口，在神案上宰豬，在大鍋裡煮豬肉，祭祀敬神。元旦祀神，皇帝、皇后行禮；春、秋兩大祭，皇后亦到，妃嬪自當侍從。而最尷尬者，則為后妃受胙（zuò），是一種豬肉米飯，這是回教徒所萬萬不能忍受之事。將容妃單獨安置在另一個生活區域，生活上很是方便。

第三，生活風俗不同。維吾爾族的衣服、裝飾，同皇宮的后妃、宮女都不同。皇宮除御花園外，別無遊觀之處。乾隆築寶月樓於瀛台之南，則隨時可以駕幸西苑，而不必如臨圓明園，路途既遠，又煩出駕。容妃在這裡則可免去其他妃嬪爭寵之擾。

第四，宗教信仰不同。滿族的宗教是薩滿教，乾隆又崇奉喇嘛教。維吾爾族信奉伊斯蘭教，要做禮拜。容妃所居之地，隔長安街而對回子營，建伊斯蘭教禮拜堂及民舍，並使內附之回民居

住，屋舍皆沿襲回風。容妃站在樓上，可以望見對面的「回子營」，遙望瞻禮，以解思念之情。

乾隆五十三年（1788年）四月十九，容妃因病去世，時年55歲，葬清東陵。至於「香妃」之名，不知何時而起。今新疆喀什有香妃遺棺，當地傳說是從北京運回去的。容妃應是民間傳說的香妃。香妃與容妃是一人、還是兩人，學界看法尚不一致。

近年研究香妃的著作很多。一本書名就叫《香妃》，作者於善浦、董乃強是清東陵的文物專家。

他們在書中說，1979年10月，一個偶然的機會，清東陵乾隆裕陵的妃嬪園寢中，有兩座妃嬪墓穴因漏雨而塌陷。文物工作者在清理墓穴時，發現許多珍貴實物，從而揭開了香妃之謎。在查證史料及清宮檔案之後，對乾隆41位后妃中唯一的維吾爾族的女子，有了新的認識。作者認為，這位當是容妃，也就是傳說的香妃。

另一本書名叫《香妃考證研究》（正、續集），是台灣姜龍昭先生所著。作者對戲劇小說中所寫的香妃和史學家所討論的香妃，都有說明、討論、考證和判定。作者原來為了編寫香妃的電視劇而做研究工作，自費到北京、河北、新疆考察，匯集資料，編為書籍。

不為人知：乾隆皇后死因之謎

乾隆帝的第一位皇后是富察氏。雍正五年(1727年)，富察氏被冊為寶親王弘曆的嫡福晉。這年乾隆帝17歲，嫡福晉富察氏15歲。乾隆二年(1737年)，嫡福晉富察氏被冊為皇后。皇后富察氏出身名門，她的曾祖父哈什屯，順治時任議政大臣；祖父米思翰，康熙時任內務府總管、戶部尚書、議政大臣；父親李榮保任察哈爾總管；兄馬齊任兵部尚書、左都御史、議政大臣、武英殿大學士，「歷相三朝」；兄馬武任內務府總管、鑲白旗蒙古都統、領侍衛內大臣；弟傅恆任戶部尚書、軍機大臣、保和殿大學士，賜第在東安門內。

皇后富察氏，性賢淑，尚節儉，不奢華，孝順太后，敬愛乾隆帝。乾隆帝年輕時，曾患癤，剛愈，太醫說：「須養百日，元氣可復。」皇后就每晚在乾隆寢宮外面居住，精心侍奉，百日之後，才回寢宮。乾隆十三年（1748年）正月，皇后富察氏隨乾隆帝和皇太后東巡，前往山東曲阜祭孔。三月十一，在返京途中死於德州船上，年37歲。

關於富察氏之死，野史記載：三月十一夜，乾隆帝東巡回鑾，駐德州，在舟中宴飲淫樂。皇后激切進諫，乾隆帝加以詬訾。後羞忿，投水死。

蔡東藩《清史演義》說：皇后之嫂（實為皇后弟妹）即傅恆夫人，在皇后千秋節時前來祝壽。酒宴間聯詩。乾隆帝起句道

「坤闈設帨慶良辰」，皇后續道「奉命開筵宴眾賓」，嫂嫂隨續道「臣妾也叨恩澤逮」，乾隆帝則接道「兩家並作一家春」。

酒後乾隆帝同嫂嫂私通，被皇后察覺。皇后同乾隆帝從此產生芥蒂。禍不單行，皇后生的兒子永璉，祕密立為皇太子，也因天花病死。乾隆十三年（1748年）出巡，皇后陪同，死於船上。

於是，產生諸如福康安的身世之謎的傳說與故事，懷疑福康安為乾隆帝同傅恆夫人所生。

高陽認為：福康安的際遇之隆，清三百年，無與倫比。雖「垂髫豢養」，卻本傳不見記載；雖「多年訓誨」，卻並未招作額駙（其兩兄皆為額駙）。因之，「其中緣故，反足深思」。

其實，乾隆帝與皇后的感情還是很好的。《清史稿·后妃傳》記載：「十三年，從上東巡，還蹕，三月乙未，後崩於德州舟次，年三十七。」乾隆帝為此悲慟不已，連續9天，每天在皇后靈柩前三次擺上供品。乾隆帝用富察氏生前所希望的「孝賢」二字，來作為她的諡號。

孝賢皇后富察氏的靈柩，安放在裕陵地宮4年多。在這段時

乾隆帝

間裡，乾隆皇帝共為她祭奠100多次，並寫下一篇情真意切的《述悲賦》：「《易》何以首乾坤？《詩》何以首關雎？為人倫之伊始，固天儷之與齊。」「悲莫悲兮生別離，失內位兮孰予隨？」意思是說，我是多麼悲痛啊，這樣生死離別，失去賢惠內助，今後誰來陪伴我呢？所以，野史與傳說，缺乏歷史依據。

第二位皇后烏拉那拉氏，佐領那爾布之女。乾隆帝做皇子時，烏拉那拉氏被冊為側福晉。她不僅深得皇帝寵愛，而且頗討皇太后喜歡。乾隆帝登極後，封為嫻妃。在皇后富察氏死後，她由貴妃晉為皇貴妃，統攝六宮事，再被冊為皇后。

在乾隆三十年（1765年）初，皇后陪乾隆帝第四次南巡。蔡東藩在《清史演義》中，寫了「遊江南中宮截髮」回目。小說中寫乾隆帝在和珅陪伴下遊金陵秦淮河，登舟遊幸，感嘆：「北地胭脂，究不及南朝金粉！」乾隆帝同和珅在舟中，擁妓酣飲，色迷心醉。後被皇后發現，二人發生口角，「皇后氣憤不過，竟把萬縷青絲，一齊剪下。」就是說，皇后勸阻皇帝不要出去尋歡作樂，因而惹惱了乾隆皇帝。

這種說法可能出自想像，但皇后惹惱了皇帝是肯定的。從此皇后烏拉那拉氏就被打入冷宮。若不是眾位大臣苦勸，乾隆皇帝就會重演當年他的曾祖父順治皇帝廢掉皇后的故事。第二年，也就是乾隆三十一年（1766年），皇后烏拉那拉氏終於在冷宮中走完了49歲的人生之路。

這件事情，清宮檔案記載：閏二月十八日，皇后在行宮吃早飯時，還得到皇帝賞賜，到了晚飯時，皇后卻不見了蹤影。她的名字被黃簽蓋上。皇后哪裡去了？有人說她發了瘋病，在杭州削髮當了尼姑；也有人說她被先行遣回了京師。清宮的《上諭檔》記載：閏二月十八，乾隆帝派額駙福隆安扈從皇后烏拉那拉氏，

由水路先行回京。那麼，皇后為什麼被遣送回京？

《清史稿‧后妃傳》記載：「（乾隆）三十年（1765年），從上南巡，至杭州，忤上旨，後剪髮。上益不懌，令後先還京師。三十一年七月甲午，崩。」

滿洲有個習俗，親人故去才「斷髮成服」。因此，皇后剪髮，犯下大忌！皇后死訊傳來時，乾隆皇帝正在木蘭圍場打獵。他並沒有停止打獵，命皇后烏拉那拉氏的兒子回京辦理喪事，並命喪儀照皇貴妃禮辦理，也就是說要從皇后降一個等級到皇貴妃。皇后烏拉那拉氏的命運與孝賢皇后富察氏的命運相比，真有天壤之別。

清德宗光緒皇帝載湉

命運執掌在姨母手中

　　愛新覺羅・載湉，生於清穆宗同治十年（1871年），光緒繼位後，由慈禧太后專權。到載湉16歲時，慈禧太后「歸政」，但仍實掌大權。

　　光緒二十六年（1900年），中國北方爆發了以「扶清滅洋」為口號的義和團運動。同時英、俄、法、德、美、日、義、奧匈等八國聯軍入侵。在八國聯軍逼近北京時，載湉被慈禧太后帶著逃亡西安。

　　光緒二十七年（1901年），歲次辛丑，九月初七，清政府在北京與各國所訂立的條約，共十二款，以賠款一項為最重，數目高達白銀四億五千萬兩，為不平等條約中最苛刻的。

　　清德宗光緒二十八年（1902年）一月，載湉又被慈禧太后帶回北京，仍然被囚禁在瀛台。載湉沒有勇氣衝破封建倫理思想的束縛，「天顏戚戚，常若不悅」，心境悲愴，終其一生是屈辱和哀怨的悲劇命運。

　　光緒三十四年（1908年）十月二十一，清德宗愛新覺羅・載湉去世。享年38歲，廟號「德宗」，謚號「同天崇運大中至正經文緯武仁孝睿智端儉寬勤景皇帝」，陵寢在崇陵（清西陵）。

失去信任：揭祕光緒罷免老師翁同龢真相

光緒皇帝的老師是翁同龢，他是朝中帝黨之領袖，也是光緒變法維新的主要支持者。然而就在變法開始時，《明定國是》詔頒布的第五天，翁同龢突然被罷職了。一些史料將他被逐的原因歸結於慈禧，說由於他支持光緒變法而被慈禧視為眼中釘，趕走翁同龢，等於切掉光緒的臂膀，目的是扼殺變法、迫害光緒。然而，歷史的真實情況卻不是這樣的。

歷史學家吳相湘根據翁同龢的日記得出結論：趕走翁同龢的不是慈禧，而恰恰是光緒本人。原因很簡單：當時光緒已經對他失去信任，並產生了反感。大致包括以下幾點內容：

（一）當時輿論對翁同龢不利。外界傳聞翁同龢與李鴻章、張蔭桓受俄國之賄。當時俄國使臣分別私下與李鴻章、張蔭桓、翁同龢密商，答應送每人五十萬兩銀子，條件是他們保證中國向俄國借債。在這件事上，翁同龢心存顧忌，沒有接受賄賂，但是輿論已嘩。交章之下，慈禧和光緒已然相信翁同龢不乾淨。

（二）翁同龢自恃為皇帝老師，在光緒面前知無不言，甚至當面反對光緒的意見。光緒皇帝因甲午戰敗，又有青島旅大被德俄兩國分別強租，迫切感到非變法不能圖強，銳意改革，學習西方。而翁同龢仍墨守成規，惹光緒不憚。比如光緒打算在宮裡接

慈禧　　　　　　　光緒皇帝

見外國使臣，翁同龢認為不可。戊戌年農曆閏三月廿三，光緒接受慈禧的指示「今宜專講西學」，「聖意堅定」。而翁同龢則認為：「西法不可不講，聖賢義理之學尤不可忘。」他根據這一基本思想為光緒起草的「定國是詔」，沒有被通過。

（三）在對康有為的評價上，翁同龢前後不一。他曾經在光緒面前說康有為勝過他百倍。然而後來，他又對光緒說：「此人（按：指康有為）心懷叵測。」光緒問他：此前你怎麼不這麼說？翁答：因為最近看了康寫的《孔子改制考》才知道的。

光緒對這位老師不時「發怒詰責」等跡象表明，光緒已經不再寵信翁同龢，準備起用別人取代他了。

戊戌年農曆四月二十七，是翁同龢任協揆（即協辦大學士）一週年的紀念日，皇帝和太后在此之前也給了他優渥的賞賜。這一天，翁同龢正準備入朝謝恩呢，不料，太監傳話：別的人進去，翁某就不要進去了。

不一會兒，朱諭下頒：「協辦大學士翁同龢近來辦事多不允

協，以致眾論不服，屢經有人參奏，且每於召對時，咨詢事件任意可否，喜怒見於辭色，漸露攬權狂悖情狀，斷難勝樞機之任。本應察明究辦，予以重懲，姑念其毓慶宮行走有年，不忍遽加嚴譴，翁同龢著即開缺回籍，以示保全。欽此。」

據陳夔龍《夢蕉亭雜記》：這一諭旨有如「霹靂一聲，朝野同為震駭。」翁同龢本人也覺得非常意外，不敢相信這一事實。第二天中午，翁同龢等候在光緒退朝經過的宮門口，待光緒到來時在道旁叩頭，希望事情有所轉圜。但是光緒只是回頭看了他一眼，卻沒有說話。

翁同龢「黯然如夢」，只好走上了回原籍之路。

四面楚歌：戊戌政變後慈禧不殺光緒真相

雖然李鴻章在戊戌政治風雲中能自保平安，但他的觀點、態度悉為慈禧所知，戊戌政變後他自然不可能再獲重用。不僅如此，他還受到變相懲罰。黃河自古以來就水患無窮，地處下游的山東更是深受其害，時常決口。1898年夏秋，山東黃河再次決口，數十縣被淹，受難鄉民無數，甚至浮屍蔽水。

此時，出人意料的是慈禧地命令實齡已七十有五的李鴻章前往山東履勘山東河工。派李前往當此苦差，慈禧當有自己的考慮：一是自己通過政變重新訓政，想以派如此重臣前往災區，顯示自己對災情的重視、對災民的關心，以收買民心，穩定局面；二是李鴻章畢竟同情維新派，且有多人上奏要求彈劾，借此變相罰李。此時已是初冬，而當他到山東時將是隆冬季節，對一個年近八旬的老人來說，確實難以忍受，所以李鴻章在萬般無奈中上折請求慈禧太后另選他人，但未被慈禧批准。

11月30日，李鴻章一行離開北

李鴻章

京，他特別邀請比利時工程師盧法爾（Rouffart Armand）隨行。12月11日，他們到達濟南。他接受盧法爾的建議，決定採取近代西方科學方法，首先測繪全河情形，研究沙從何處而生，水由何處而減，探尋根治辦法。在有些地段，他還親率盧法爾及一些官員一同勘測。

1899年3月31日，李鴻章返京覆命，距他出京正好4個月。在這4個月中，他不顧隆冬嚴寒，不辭勞苦，馳驅兩千里，認真查看，廣泛聽取各方意見，拿出了長、短期治本、治標兩套辦法，確比許多敷衍塞責、貪圖享受、甚至以河務謀私利的官員強不少。

可是，李鴻章關於河工的意見卻未受到朝廷重視，許多具體建議都被朝廷和有關部門以種種理由推托、否決。李鴻章對此憂心忡忡，生怕水旱之災會激起民變。他在給友人的信中擔心地說：「滄海橫流之受，不得謂一隅為災，不關全局也。」

李鴻章從山東勘河回到北京後，還是得不到慈禧重用，但又閒居了8個月後卻突然時來運轉，東山再起，重任封疆大吏，被任命為兩廣總督。從「勘河」到「督粵」，這種官運的大伏大起看似命運捉弄，其實卻是李鴻章一直耐心等待，不斷窺測方向，最後果斷行動的結果。

原來，雖然慈禧發動戊戌政變將光緒皇帝囚禁起來，但光緒皇帝活著對慈禧和守舊派就是一個巨大的威脅，因此慈禧曾打算以「帝病重」之名謀害光緒。但此時的中國已是「半殖民地」社會，慈禧不能不先試探各國對此態度，沒想到各國紛表反對，甚至表示要派醫生到宮中查看光緒皇帝究竟是否病重。而且，全國亦輿論嘩然，尤其各地華僑紛紛發電，有時甚至數萬人聯名，要求慈禧歸政，確保光緒平安。

慈禧面對強大反對只得打消謀害光緒的主意。但她又於心不甘，打算「廢掉」光緒，另立新帝。但這「廢立」之事仍需試探外國的態度，可是慈禧等守舊派與洋人交惡，無從打探，於是與李鴻章私交不錯的榮祿便走訪李鴻章，請李打聽外國人的態度。李鴻章認為自己東山再起、重獲大權的機會終於來臨，便不失時機回答說，這是內政，如果先詢問外國人的態度有失國體，但如果派我到外地當總督，外國使節必來祝賀，這時可順便探問外國態度而又不失國體。

　　李鴻章除了想重掌大權外，還提出外放當總督的另一個考慮是遠離京城，以避開「廢立」這一至為敏感甚至有關身家性命的宮廷權力之爭。榮祿為李之說法所動，所以沒過幾天他就被任命為兩廣總督。李鴻章再獲重用任兩廣總督的消息傳來，外國使節果然紛紛前來祝賀。當李鴻章「無意之中」向他們談起廢光緒、立新皇帝的問題，這些使節則表示這是中國內政，他們「理無干涉」，但他們的國書都是給光緒皇帝的，如果另立新君是否繼續承認則要請示本國，間接表達反對廢立之意。

　　榮祿、李鴻章擔心廢立會引起外國干涉和國內一些官員反對，因此他們也不太贊成此時廢立。榮祿於是提出了不必過於著急，可先立「大阿哥」，慢慢再取得皇帝「大統」的建議，得到慈禧認可。

　　對於任命李鴻章為兩廣總督，則是慈禧的老謀深算的結果。對權謀之術，慈禧可能比李鴻章還要精通。李想外放當總督，慈禧則順勢讓他當兩廣總督，因為廣東緊鄰香港，洋商眾多，中外交涉日益繁雜，不懂洋務者很難在此為官，李鴻章當是最佳人選。更重要的是，以康、梁為首的維新派在海外華僑、華商中得到廣泛支持，聲勢越來越大，而僑民、僑商大多數都是廣東人，

所以廣東同情康黨的人很多，慈禧認為廣東人心浮動、局面不穩，只有像李鴻章這樣資望甚高的官員才鎮得住。

慈禧此舉最厲害之處在於，她清楚知道李鴻章從思想、觀點上贊成、同情維新，所以一定要李鴻章前去鎮壓維新派，將李鴻章置於不能不明確態度的「風口浪尖上」，既是對李鴻章的考驗，又可將李「拉下水」強迫他也成為與自己一樣的維新派的鎮壓者。

就在任命李鴻章為兩廣總督發表的第二天，慈禧便以光緒之名詔諭各省督撫嚴密緝拿康有為、梁啟超：「康有為及其死黨梁啟超先已逋逃，稽誅海外，猶復肆為簧鼓，刊布流言，其意在蒙惑眾聽，離間宮廷。」「近聞該逆狼心未改，仍在沿海一帶倏來倏往，著海疆各督撫稟遵前諭，懸賞購線，無論紳商士民有能將康有為、梁啟超嚴密緝拿到案者，定必加以破格之賞，務使逆徒明正典刑，以申國憲。」其中特別強調「沿海一帶」、「海疆各督撫」，顯然是說給李鴻章聽的。

1900年1月7日，李鴻章春風得意、精神抖擻地離京南下，於1月16日到達廣州，只隔了一天就接印視事。在政壇失勢一段時間後仍審時度勢、積極活動，最終竟以年近八十之高齡東山再起、重任封疆大吏。李鴻章的能忍能等與終生嗜權戀棧的性格顯現無餘。

韜晦流產：含垢忍辱的光緒為什麼沒能復出

光緒皇帝推行變法、力圖振興，結果在瀛台被囚10年之久，成為當時最高級的囚徒，實在是悲劇人物。光緒被慈禧幽禁之初，肯定是情緒激動、憤懣，也會採取方式表達自己的憤懣和反抗，但時間稍久、冷靜下來之後，他會仔細的思考應該怎麼辦，最後他在無奈之際，採取了韜光養晦的辦法，他假裝屈服，願意當個準囚犯，忍受屈辱艱難的活著，以求能避過被廢或者被害的結局，熬到慈禧死亡之後復出。

在歷史上，身處劣勢、面臨危險而力所不及，無法與可能加害自己的人相對抗時，很多人都採取欺騙對手的辦法，以種種假象麻痺對方，讓對方對自己放鬆警惕，或者讓對方取消加害的企圖。這方面最著名的例子，一是越王勾踐用忠誠不二來欺騙吳王夫差，二是戰國的孫臏裝瘋賣傻騙過龐涓，三是劉備灌園種菜騙過曹操。光緒在被幽禁之後，顯然也想採用類似的辦法，以意志消沈麻木不仁逆來順受等辦法，企圖躲避過慈禧的迫害。

光緒的養晦都是被動的養晦，是在無能為力時採取的消極辦法，他的「不問事」，是因為慈禧不給他問事的權力，並不是他在有權力問事的情況下主動規避，讓權於慈禧。另外，光緒一直不會裝糊塗，他雖然不發一言，但總是冷眼旁觀著一切，並偶然

間說出一兩句話，讓慈禧或其他人知道他還極其明白。比如當袁世凱在朝堂上就立憲中的改官制問題大肆表演，為自己準備後路時，光緒就忍不住發言。這一段的事情大致是這樣的：

慈禧太后即命袁世凱進京，然後在儲秀宮召集眾官商議他的方案，將光緒皇帝也請了出來。袁世凱振振有詞的解釋自己的方案，說：「皇上太后明鑒，改官制須得先行，立國會不妨稍後。憲政之行，上下阻力必大，阻力的來源便是舊官制，舊官制不打破，官員們人人為自己的利益而爭，立憲之事如何能順利施行。立國會卻不用著急，當待民智漸開，各項法律制定完成之後，方可實施。如今《國會法》《選舉法》都沒有制定，光憑說幾句話就能把國會立起來嗎？」

袁世凱一番說辭，對立憲一竅不通慈禧的慈禧來說，似乎很有道理，但她總感到那兒不甚妥當，卻又一下子說不出來，所以就繃緊了臉不說話，鐵良、榮慶等卻立刻發言，駁斥袁世凱的方案，不過，袁世凱在提出這個方案之初，早已想好了對付反對意見的辦法，鐵良榮慶卻是臨時尋找理由，因此，被袁世凱三言兩語，輕輕的就將他們說倒，駁得兩人返不上話來。此刻的袁世凱如坐春風，滿臉得色，奕劻、載澤、徐世昌等又在一旁為其叫好助威，越顯得袁世凱氣勢如虹，袁世凱趁鐵良等銳氣受挫之時，爬下「咚咚」叩首，說：「請皇上、太后速下決心，以立內閣，為我大清萬世皇圖就此奠定基石。」

慈禧低頭沈思，猶豫未決。坐在

袁世凱

旁邊的光緒卻是旁觀者清，看清楚袁世凱要利用改官制，以奕劻做傀儡，自己從中漁利，致使今後即便自己復出，也對其無可奈何。光緒猛然間就冷笑起來，大聲說：「袁世凱，你的心思我全知道！」袁世凱大吃一驚，嚇壞了，冷汗直冒。他忙垂下頭，不敢和光緒的目光相接，心下一個勁想：「我的心事皇帝怎麼會知道，這可怎麼得了？」（《黃花賦》第三十九章）

光緒的一句：「袁世凱，你的心思我知道。」與其養晦的本意大相徑庭，養晦是麻痹敵人，讓敵人對自己放鬆警惕，光緒卻是提醒袁世凱：「我心中明白著呢，你最好小心點。」袁世凱得此警告，把光緒帝看作將來的大威脅。

慈禧在將死前的一段日子，曾假裝對光緒關心，勉勵他鼓起精神，並讓他慢慢開始接觸一些敏感問題，比如選擇大臣等問題，有諭旨也讓他審閱，似乎有交權的意思。此時戊戌政變時與康有為等人一塊出逃的維新黨人王照歸國，並自首投案，慈禧別有用心地問光緒該怎樣處理，此時光緒就犯了一個大錯誤，他不願違背自己的良心，要求保住王照的性命，王照的命保住了，光緒自己卻暴露了對百日維新時那些舊人的顧念眷戀之情，為慈禧毒殺他埋下了伏筆。

總之，一句話，光緒的韜光養晦做得十分失敗。他不善於偽裝，不善於掩飾自己真正的想法，在慈禧精明無比的眼睛裡，光緒不得已下的那一點點養晦樣子，根本騙不過她。或許慈禧在拿王照之事試探光緒時，有饒了他命的打算，究竟慈禧也要為大清的將來著想，不可能完全置大清的命運於不顧，可是光緒在處理王照的事情上沒能讓這位慈禧太后滿意，於是慈禧最後下定了殺他的決心。

固執無權：光緒被幽禁後為何不逃跑

　　光緒被幽禁後為什麼不逃跑？難道他沒有做過逃跑的努力？沒有逃跑機會？面對這些疑惑，我們來逐一分析。

　　問題一：在瀛台幽禁中，光緒有沒有作逃跑的努力？

　　戊戌政變後，慈禧訓政，光緒被剝奪了一切權力，並被監控起來，失去了人身自由。初被控制，光緒一時不能適應，憤怒、煩躁中伴有恐懼，對此《戊壬錄》有記載：初七日，有英國某教士，向一內務府御膳茶房某員，詢問光緒之躬安否，某員言已患失心瘋病，屢欲向外逃走。蓋光緒自恐不免，因思脫虎口也，乃為西後之黨所發覺，遂幽閉光緒於南海之瀛台。

　　當光緒欲外逃時，聞有內監六人導之行，至是將六監擒獲，於十三日與康廣仁等六烈士一同處斬。而西後別易已所信任之內監十餘人，以監守瀛台。

　　這一段記載來自於茶房某員的話，其用詞估計欠缺推敲，比如「屢欲向外逃走」中的「逃走」二字，想來光緒不是傻子，逃走是偷偷進行的，在不為人覺察的情況下，經過祕密籌劃，利用某種機會忽然出走，脫離慈禧的掌握，豈有「屢欲逃走」的道理，「欲」者，想逃而未逃，並不是真的逃跑，光緒屢屢將欲逃之念表露出來，並不是為了逃跑，只是一種表達憤怒的方式。

　　想來光緒以帝皇之尊，一朝之間淪落得囚徒般被人看守，其心理上一下子如何能接受了，憤怒、暴躁等情緒中夾雜著對未知

命運的恐懼,那茶房官員形容其為「失心瘋」,倒也能反映出光緒當時的狀況。另外,「以內監六人導之行」的話更是荒謬,光緒若真的逃跑,還能這樣子擺排場,讓六名之多的太監前呼後擁著偷偷逃跑?

被幽禁到瀛台之後,光緒也曾用出走來表達憤怒或者反抗,此事很多資料上都有記載。《光緒帝外傳》的記載是:遷上於南海瀛台,三面皆水,隆冬堅冰結。傳聞上常攜小閹踏冰出,為門者所阻,於是有傳匠鑿冰之舉。這個記載也很有意思,「常攜小閹」與上邊引文的「屢欲外逃」其實是一個意思,光緒若真的打算逃,那就不會常常踏冰出,因為這樣只會打草驚蛇,引小閹屢屢踏冰,是他心中煩躁憤懣不平無法發抒,所以明知難出宮門卻硬是要去闖門。

其實光緒要逃跑,在西狩的路上,逃跑的機會很多。八國聯軍進京,慈禧惶惶如喪家之犬,隨行人員也不多,對光緒的看管自然有所鬆懈,但是光緒此時並沒有任何逃走的跡象,更沒有因逃跑被抓的記載,所以可以肯定,光緒一直沒有逃跑的打算。

問題二:光緒有無逃跑機會?

即便是在瀛台幽禁時期,光緒也是有逃跑機會的,對他的看守並不像傳說中那樣嚴,究竟他是皇帝,那些看守的太監不至於特別無禮,像對待囚犯那樣對待他。如上述引文中,光緒踏冰而出時,就可以帶小太監隨行,另外,還有資料記載他曾經將外人引入宮內給自己鑲牙,並且是在祕密狀態下引進來的,慈禧毫不知情,事後慈禧才知道了整個過程。此記載出自《述庵祕錄》,原文:「昔汪君穰卿與一宮中修電線者相識,此人歷述禁聞。汪君之筆記乃至一大冊子,中有二事,頗駭人聽聞。一日,城內某牙醫家,忽有一人以脫齒一枚令其鑲配。醫謂非面見脫齒之人,

无法镶治。此人乃攜以偕往，至宫中一極遠極深之處，見一人服青布袍，獨坐座上，面色慘黑。痛苦之狀，目不忍見。口齒上津津血液溢露，醫乃為之鑲配而出。初意但以為宫中太監，不知其為誰某也。翌日，此導引之人來訪，謂昨鑲牙甚善，今已無苦，命我予君以一荷包及四兩銀子。醫謝而受之。至又翌日，忽另有一人倉皇來訪，謂汝某日曾入宫鑲牙，信乎？導引者我兄也，今已以此獲禍，被撲殺矣，屍骸擲露，無錢買棺，如何如何。言已痛哭。醫乃知牙痛者即為光緒皇帝，乃係被西后打脫。后又怒此監私引醫人為之已醫病，故撲殺之也。」

中南海瀛台

　　這個故事撲朔迷離，讓人幾乎不敢相信，但是仔細想來，這種可能性還是有的。光緒固然無權，宫中的太監宫女大都畏懼慈禧、李蓮英，不敢公開幫助光緒，但是光緒身為皇帝，其悲慘遭遇不但在社會上有很多同情者，在宫內也有不少同情者。這些同情他的太監得知他被慈禧毒打，牙齒掉落、疼痛難忍，出於憐憫或者出於義憤，悄悄地幫助他找醫生醫治，這個可能還是有的。牙醫能被引進宮，肯定有守門太監的配合，光緒如果能利用太監的同情心，施苦肉計，再給自己覺得可靠的太監許以其他誘惑，比如成功脫逃之後怎樣重用、重謝等等，那麼，光緒成功逃出宫門還是大有希望的。

撲朔迷離：光緒皇帝死因之謎

清德宗光緒三十四年（1908年），38歲的清德宗愛新覺羅‧載湉在中南海瀛台涵元殿滿含悲憤地離開了人間。光緒臨終無一名親屬及大臣在身旁，及至被人發現，早已死去多時，可謂生前死後備受冷落、孤苦淒涼至極。

就在光緒死去的第二天下午，他的姨母及政敵、操縱晚清政權達半個世紀之久的慈禧太后葉赫那拉氏也死在中南海儀鸞殿內，終年74歲。

光緒和慈禧太后葉赫那拉氏先後去世的消息傳出，中外同感震驚。人們普遍認為，年紀輕輕的光緒反而死在74歲的慈禧太后前面，而且只差一天，這不是巧合，而是處心積慮的謀害。於是，光緒被人謀害致死的種種說法便由此而產生。

晚清御史、光緒的近臣惲毓鼎的《崇陵傳信錄》及徐珂所編著的《清稗類鈔》等書認為，慈禧太后葉赫那拉氏在病危期間，唯恐自己死後，光緒重新執政，推翻她既定朝政及平反她一手製造的種種冤案，於是令人下毒手將光緒害死。

英國人濮蘭德‧白克好司的《慈禧太后外傳》和德齡的《瀛台泣血記》等書認為，清宮大太監李蓮英等人，平日依仗著主子慈禧太后的權勢，經常中傷和愚弄光緒。他們深恐慈禧太后死後光緒重新主政，會清算他們往日的罪孽，所以就先下手為強，在慈禧太后將死之前，先把光緒謀斃。

溥儀在《我的前半生》一書中談到，袁世凱在戊戌變法時辜負了光緒的信任，在關鍵時刻出賣了皇上。袁世凱擔心一旦慈禧太后死去，光緒絕不會輕饒了他，所以就借進藥的機會，暗中下毒，將光緒毒死。

曾經是清宮御醫的屈貴庭在《逸經》雜誌二十九期上發表一篇文章說，在光緒臨死的前三天，他最後一次進宮為皇上看病，發現光緒本已逐漸好轉的病情卻突然惡化，在床上亂滾，大叫肚子疼。沒過幾天，光緒便死了。這位御醫認為，雖不能斷定是誰害死了光緒，但卻可以肯定光緒是被人暗中害死的。

但也有不少史籍或接近宮禁者對光緒之死持自然病死之說。如《德宗實錄》《光緒朝東華錄》《清史稿・德宗本紀二》等所謂正史或官修史籍內，均載光緒係正常死亡；再如《萇楚齋三筆》卷六則稱：早在清德宗光緒三十四年（1908年）二、三月間，光緒久病未愈，早入膏肓，是時肝氣大發，以手扭太監頂戴，以足踢翻電燈，情勢日及。

又，光緒臨終前一段時間，一直為其治病的六位名醫之一杜鐘駿所著《崇德請脈記》一書，對光緒之病情、診病經過以及光緒臨終前的病狀，敘述頗詳，證明光緒確實是正常死亡。

由於上述種種傳聞，使光緒之死成為清末歷史上一大疑案，眾說紛紜。關於光緒之死這一疑案無論當時或在日後，雖有種種傳說，但因事涉清代宮禁祕檔，人們無從知其真實內幕，均缺乏真實可靠的依據。那麼，光緒究竟是怎麼死的？讓我們且從太醫院御醫和皇宮醫案（也稱「脈案」）談起。

清宮醫案的確告訴人們，光緒是病死的。但是，從光緒死的那天開始，人們就懷疑他不是正常死亡，這也是事出有因的。光緒雖與慈禧太后以「母子」相稱，實際上他並不是慈禧太后親

生。光緒皇帝，姓愛新覺羅‧名載湉，是同治皇帝的堂弟。

清德宗光緒元年（1875年）正月二十，4歲的載湉在太和殿正式即位成為光緒皇帝。從這一天起，光緒就被慈禧太后抓在手裡，或當做爭奪權利的利器，或作為顯示威嚴的權杖，更多的情況下，則當作她御案上不可缺少的擺設，或是任意玩弄的木偶。這自然是慈禧太后專制政治的需要。

入宮後的光緒，是在孤獨中長大的，繁瑣的宮中禮節，慈禧太后經常不斷的嚴詞訓斥，沒有母愛，飲食寒暖沒有人真心去細心照料，應倡導應禁忌之事，無人去指點揭示。沒有童年的歡樂，致使他從小就心情抑鬱，精神不快，造成身體積弱，難以抵擋疾病的侵襲，留下了難以治愈的病根。說明光緒帝體弱多病之原因，實與自幼在慈禧太后淫威之下，失於調養照料有關。

光緒臨朝親政後，53歲的慈禧太后表面退居頤和園頤養天年，實則權勢依舊，裁決政事，一如既往。慈禧太后一方面處處限制光緒的權利，國家重要大事都要秉承她的懿旨去辦理；一方面又通過自己的姪女——隆裕皇后及親信太監李蓮英等人，暗中監視光緒的行蹤。

並規定：光緒每隔一日，必須親往頤和園向她彙報政務，聽候訓示。以致光緒經常披著星星來，頭頂月亮去，飽受奔波，遇有重大事情，更得隨時請示，名為皇帝，實為傀儡。

光緒的政治抱負不能得以實現，日久天長，精神更加抑鬱，情志愈益不暢，舊病不去，又添新愁。從「脈案」看，在相當一段時間內，光緒體質雖未見好，遺精及腰背酸沈等病仍在繼續，但診病和吃藥的次數卻相對減少。

這主要是光緒力圖在政治上有所作為，以挽救他那岌岌可危的政權，整日忙於政務，關注政治改革，另外，還要隨時應付慈

禧太后的訓斥，一時無暇顧及診病吃藥。

疾病纏身的光緒親政後的第一件大事，就是遭逢日本侵略朝鮮，進而侵略中國。光緒違背母后之意，決心援朝抗日，但腐敗的體制導致戰爭失敗，被迫簽訂了《馬關條約》，失地賠款，這雖使他受到重大打擊。

自清德宗二十四年（1898年）光緒病情逐漸加劇，究其終致不起之原由，實與戊戌變法失敗有著直接的關係。光緒被囚禁在瀛台後，慈禧太后曾欲廢之而另立他人。光緒也知其用心，日夜擔驚受怕。

後來由於種種原因，此舉雖未能實現，可光緒也難脫囚禁之牢籠。明知岌岌可危，亦只有坐以待斃，心中十分憂傷。他曾仰天長嘆：我還不如漢獻帝啊！因而病勢日漸加重，自不待言。

清德宗光緒二十六年（1900年）七月二十一，八國聯軍入侵北京。慈禧太后倉皇出逃。相傳臨行前還不忘處置珍妃，令太監崔玉貴把珍妃推到寧壽宮外的井中害死。當光緒得知珍妃的死訊後，精神徹底崩潰，舊病復發，日趨沈重，再也無法康復。

由此可見，從光緒自幼多病，到青年以後的病情逐步加重，都與他的政治處境和精神生活密切相關。可見慈禧太后的長期壓制和打擊，是光緒致病的重要原因，從這一點談來，民間傳說是慈禧太后置光緒於死地，則又並非全無道理。尤其是在戊戌政變以後被囚禁的10年漫長歲月中，光緒一方面悲觀失望，前途渺茫；一方面又日夕擔驚受怕，心情緊張，生活上更無人細心照料，使得他的病情不斷加重惡化，終至不治。

不過，無論光緒究竟死於何因，都與他在清廷遭受的控制與打擊，在精神與意志上受到的壓制與摧殘，在身心上經受的折磨，甚至其骨肉親情也被拆散有著直接的聯繫。真可謂，光緒一

生沒有過上一天舒心的日子。其實,這也就是光緒多病纏身的根源。因此可以認為,年輕的光緒之死,與慈禧太后控制下的清王朝黑暗腐敗密切相關。如果說光緒入宮為帝,是出於一種政治需要,那麼他的死去,也未必不是清廷政治腐敗的必然。

1980年,清西陵文物管理處在清理崇陵地宮時,發現光緒遺體完整,體長1.64米,無刃器傷痕。通過化驗頸椎和頭髮,也無中毒現象,與清史檔案專家、醫學專家的分析判斷相吻合,應該說光緒屬正常死亡的結論是正確的。至於為什麼光緒偏偏比慈禧太后早死一天,姑且說這是偶然的巧合。

2008年11月,「清光緒皇帝死因」研究報告會宣布,在百年後通過一系列現代專業技術手段得以確證:光緒帝突然「駕崩」,係急性胃腸性砒霜中毒所致。但關於毒死光緒帝的兇手,還尚待進一步研究論證。

宣統皇帝溥儀

末代皇帝成公民

愛新覺羅・溥儀，清朝末代皇帝，年號宣統，通稱「宣統皇帝」（1908年—1911年），另稱清遜帝或者末代皇帝。偽滿洲國在位時年號康德，又稱「康德皇帝」（1934年—1945年）。溥儀的祖父為清宣宗愛新覺羅・旻寧七子、清文宗愛新覺羅・奕詝之弟醇賢親王奕譞，外祖父為榮祿，伯父為清德宗載湉。父親載灃繼承醇親王爵位，後因輔政為攝政王，母親蘇完瓜爾佳・幼蘭。溥儀於清德宗光緒三十二年（1906年）生於北京什剎海邊的醇親王府，1967年10月17日在北京病逝，終年61歲。

宣統皇帝在清朝這十二個皇帝當中，有五個特點，一是十二個皇帝當中最後的一位皇帝；二是登基時年齡最小的一位皇帝；三是在位時間最短的皇帝；四是沒有廟號諡號的皇帝；五是沒有皇陵的皇帝。

光緒三十四年（1906年）十月二十，清德宗愛新覺羅・載湉病重，慈禧太后傳下懿旨，讓醇親王載灃的兒子溥儀入繼皇位。

溥儀是清朝最後一個皇帝，也是中華兩千年帝制的最後一個皇帝。從公元前221年秦始皇稱皇帝到宣統三年，一共2312年，溥儀是最後一個皇帝。

哭鬧皇宮：三歲溥儀登基祕聞

1908年12月2日，還是個3歲孩童的愛新覺羅‧溥儀登上清國皇帝龍座，成為這個帝國的新皇帝，改年號為宣統。

這次登基典禮與我們所能看到的類似場面真是截然不同。它包括向已過世的皇帝、皇太后靈牌行頓首禮，然後向這位幼兒皇帝行匍匐跪拜禮。這位小皇帝是醇親王殿下的兒子，今天正式登上清國皇位。按照之前在皇宮預計好的典禮進程，原先曾安排了在這種場合下演奏樂曲，然而卻一首樂曲也沒有演奏，原因是朝廷正在為已故皇帝服喪。

清晨6點鐘，御林軍進入皇宮東門。當他們剛剛在城門內列隊站好，帝國高官們就開始到達。這次聚會的規模和重要性可從等候在皇宮外面的馬車數量來推測，到10點鐘時，已經有350多輛馬車連同大量官轎在冬日的陽光中靜候在門外，它們要一直等到典禮結束。

首先，皇家的王子們以及帝國高官們對先皇帝的祭奠靈牌叩頭。然後，他們又全部依次序向愛新覺羅‧溥儀叩頭。接著，溥儀在先皇帝和皇太后的靈牌前擺上祭品。這些禮儀完成後，人們為這位小皇帝脫下喪服，並非常細心地給他穿上龍袍。龍袍做工精緻，上面繡著皇帝陛下專用的龍紋圖案。

小皇帝的奶媽們在做這些事時非常小心謹慎。穿好龍袍後，這位小皇帝在嘹亮的號角聲和動人心魄的鑼鼓聲、震耳欲聾的鞭

炮聲中,步履蹣跚地獨自走上龍座。溥儀是自己一個人走上去的,沒有顯出需要誰協助。如果溥儀打個踉蹌,許多反應迅捷的手臂當然會將他扶住。

在龍座上,溥儀首先向他的繼母皇太后葉赫那拉氏叩頭,然後他就坐在龍座上接受朝堂上所有王子和高官對他行的叩首禮。這些儀式做完之後,這位小皇帝再從龍座上走下來,重新穿上他的那套小喪服。

這項典禮是在紫禁城的太和殿內舉行的。出席官員都經過精心挑選,並且是帝國最高層的人物。按以往慣例,總是要把一些生活在社會最底層的低賤苦力們,帶到紫禁城中這塊神聖莊嚴的地界,讓他們為這個莊重的儀式做見證。軍人們在整個典禮過程中扮演的角色並不引人注目。

11點30分,官員們開始離開皇宮,紫禁城外的交通立刻阻塞起來,但騎著駱駝從蒙古趕來的朝賀者們為這個場面帶來了一些活躍的氣氛。

但這3歲小皇帝登基的背後又是如何呢?

清德宗三十四年(1908年)十月二十清德宗愛新覺羅·載湉病危,慈禧太后懿旨,就由醇親王載灃之子愛新覺羅·溥儀繼承皇位,當天軍機大臣、內務府大臣、太監就到了醇親王的北府,這一天晚上醇親王王府家裡頭是亂成一團。當時溥儀才3歲,一個生人,他不管你是軍機大臣,還是太監,你抱他他不肯,他就哭。溥儀的奶奶是不捨得這孫子抱走,醇王府有一個習慣,頭生的孩子滿了月之後歸奶奶帶,不歸母親帶。所以溥儀小時候是乳母給餵奶,奶奶把他帶大。後來溥儀回憶說,就是在王府的時候,晚上溥儀睡著,這奶奶不放心,過來看看這小孫子,穿的鞋是木底鞋,她怕這木底鞋「嘎吱嘎吱」響,把孩子吵醒了,光著

腳慢慢輕聲地進到溥儀睡覺的小屋，看看這孩子睡得是不是安穩呢；天冷了，被子蹬了給蓋上。一點思想準備都沒有，突然就要把孩子抱走，這奶奶一下就昏過去了。溥儀被抬進宮，到了中南海，慈禧太后在這時候是在儀鸞殿，3歲的溥儀抱到中南海第一件事情是到光緒的養心殿去叩拜。光緒帝這時候已經死了，3歲的孩子看到一具死屍停在那個地方，還要哭，就是又哭又害怕。完了以後，又把溥儀抱在慈禧太后這兒，慈禧太后是死之前一天的人，看著這麼一個又病又老的一個老太太，嚇得就哭，慈禧太后哄他也沒有氣力哄了，這是二十一日。二十二日慈禧太后也死了，光緒的靈是停在乾清宮，慈禧太后的靈就停在皇極殿，大冷的天把3歲的溥儀一會兒抬到乾清宮在光緒的遺體面前哭，一會兒又抬到皇極殿在慈禧太后的遺體面前哭。

　　後來，溥儀回憶說，又冷又怕，又驚，又嚇，就哭得一塌糊塗，簡直是折磨這麼一個3歲的孩子，折騰完了之後，到十月初九，要舉行溥儀登基大典，這大典在太和殿。按照規矩，皇帝先要在保和殿接見大臣，完了再到太和殿。冬月初九很冷，折騰半天，把溥儀抬到太和殿的寶座上，3歲的孩子又坐不穩，也坐不住。溥儀的父親就單腿跪在寶座下面的旁邊扶著他，哄著他，他不懂，下面跪著文武大臣，3歲孩子哪懂，照哭他的。隆冬的寒天，溥儀的父親急得滿頭大汗，可見溥儀登基的這個場面的情況。溥儀有段回憶：「我父親單膝側身跪在寶座下面，雙手扶我，不叫我亂動，我卻

兩歲時的溥儀在醇親王府

掙扎著哭喊：『我不來這兒，我要回家！我不來這兒，我要回家！』父親急得滿頭是汗。文武百官的三跪九叩沒完沒了，我的哭叫也越來越響。我父親只好哄我說：『別哭，別哭，快完了，快完了！』」

登基大典剛結束，滿朝文武官底下是竊竊私語，怎麼可以說快回家了呢，說快完了呢？大清王朝億萬斯年怎麼快完了呢？說這預示著大清王朝的不吉祥，所以，這一次登基大典沒有增加文武百官的喜慶歡樂氣氛，倒是籠罩著一片悲哀的氣氛。

淒慘人生：揭祕溥儀之妻婉容死因

愛新覺羅‧溥儀先後共有5位妻子，婉容是第一位妻子，雖然溥儀在退位後結婚，但根據《優待條件》，其尊號仍不廢。故其結婚仍稱「大婚」，婉容仍稱「皇后」。而實際上，此時溥儀已經不是皇帝，婉容也就成不了皇后。

1922年，從婉容被冊封為皇后之日起，也就是她悲劇命運的開始，「一朝選在君王側」，從此使她走向一條不歸路。

在當今的影視劇中，婉容的形象已被扭曲的面目全非，而正劇和戲說兩種藝術爭論也日趨白熱化。那麼，作為一個不可忽視的歷史人物，真實的婉容究竟是怎樣的呢？讓我們揭開神祕的面紗，讓她從歷史的塵封中走來。

中國延續2000多年的帝制結束了，從封建走向共和。當時民國政府給予清室的優待條件是「大清皇帝辭位之後，尊號仍存不廢，中華民國以各外國君主之禮相待」。為此，溥儀的婚禮則完全照搬皇帝大婚的禮儀，民國政府特准婉容的「鳳輿」從東華門抬進紫禁城的後半部，成為名義上的皇后。所以，婉容作為歷史人物，多年來被人們俗稱末代皇后是合乎情理的，但這位末代皇后卻與以往的歷代皇后有著本質上的區別。

1931年11月，溥儀在日本帝國主義的誘騙和策劃下，獨自一人祕密離津，逃往東北。直到兩個月以後，婉容在溥儀兩個妹妹及弟弟溥傑的陪同下，由天津轉道大連再轉至旅順與溥儀團聚。

但此時的溥儀已成為聽任日本帝國主義擺布的傀儡，更沒想到她自己也落入了陰謀的陷阱。在長春，婉容一切都要聽從日本人的安排，連她的一舉一動都受到監視，甚至不能走出大門一步。婉容不堪忍受日本人的欺辱，決意逃出這個人間地獄。

　　與世隔絕及離群索居的宮廷內景，社會動盪帶來的心靈衝激，生活變故的巨大震動，以及後來一系列不盡如人意、失去人身自由的流亡生活造成的巨大精神創傷，使末代皇后婉容的一生極富戲劇性，同時也使她的人性開始了異化，她陷入了深層的內心痛苦和重圍中無法自拔，直至離世。婉容的一生是悲劇的一生，而這個悲劇又是無法避免的，是萬惡的封建王朝和日本侵略者將她推向了歷史的深淵，她是歷史的犧牲品。

　　1932年3月，婉容經旅順輾轉抵達長春，成為偽滿洲國「執政夫人」，言行均受到日本人嚴密監視和限制；期間曾祕密與國民黨代表顧維鈞聯絡，擬逃離長春未果。

　　婉容這個表現了民族感的行動是肯定存在的。特赦後的溥儀曾經說過，婉容做這件事時瞞了他，但過後還是告訴他了。潤麒也說過，顧維鈞限於當時的條件，拒絕提供幫助，對婉容來說這是「致命的打擊」。李玉琴則從另外的渠道得悉這件事的內情：1984年夏天，我國新聞界老前輩顧執中先生及夫人，在長春南湖賓館會見她時也曾談及此事，顧老說：「婉容確實派人私訪了調查團中的國民黨代表顧維鈞，要求幫助她逃離日本人的統治圈。」

　　婉容沒有因此氣餒，還想逃出這人間地獄。從策略出發，她希望把日本當做過渡之橋，並在一年以後找到了機會。那是1933年8、9月間，偽滿立法院趙欣伯的妻子赴日，婉容便托她幫忙東渡，結果又沒能成功。

1934年6月,婉容成為偽滿洲國「康德帝后」,後因「穢聞」被打入「冷宮」,身體和精神處於崩潰邊緣,嗜毒成癮。

1945年8月6日,美國在日本廣島丟下一顆原子彈。8月8日,蘇聯對日宣戰,蘇聯紅軍入東北。同年8月9日,日本人通知溥儀準備遷都通化。8月11日,溥儀和婉容等人,在長春車站登上駛往通化的火車。8月13日,一行人逃到了通化大栗子礦業所。8月15日,日本投降。

婉容

1945年8月16日,溥儀宣讀了《退位詔書》。一個維持了13年零5個月的偽滿洲國終於土崩瓦解了,像枯木一般倒下了,婉容的皇后也當到了盡頭。同日下午,吉岡讓溥儀挑選少數人去通化機場,準備經瀋陽飛日本。溥儀帶走了溥傑、潤麟等人。臨行時,溥儀換上便裝,對哭泣著的婉容皇后和李貴人說:「大家齊心協力,爭取去日本再見罷。」說完,揮淚上車。

1945年8月18日,溥儀一行的飛機剛降落在瀋陽機場,就作了持衝鋒槍的蘇聯紅軍的俘虜。接著被押往蘇聯,先後收容在赤

塔、伯力等地，開始了他的新生活。

溥儀一行走後，大栗子溝的偽大臣們紛紛逃散了，衛兵也逃散了。大栗子溝的男人已寥寥無幾。在大栗子溝住到11月末，婉容一行人租車回到臨江縣城，租一旅店住下。

1946年春節前夕，解放軍派了一輛汽車收容他們。於是由嚴桐江帶領婉容等一行上了汽車。婉容連件棉衣也沒有，凍個半死。汽車到通化後，婉容一行暫住市公安局宿舍中。1946年4月，解放軍準備進駐長春，收容婉容等同行。

1946年4月14日，長春解放。婉容一行住進解放軍招待所原「厚德福」飯店。這時，李玉琴、嚴桐江、徐恩允等僅剩的幾個人都允許回家了。唯獨婉容有家難回，她在長春的胞兄潤良閉戶關門，不肯收留病弱的胞妹。溥傑之妻嵯峨浩（即愛新覺羅・浩）是日本人，也無處去。

不久，因國民黨要奪長春，解放軍將婉容幾人從長春運到吉林市，關進公安局拘留所。

婉容轉移到吉林市不久，國民黨軍隊就佔領了長春，並向吉林市逼近。在這種形勢下，於1946年5月23日夜，她又被抬著送上火車，一直轉移到延吉市，被安置在延吉監獄（舊址在現延吉藝術劇場）。當6月10日再次決定她同浩、溥儉等六人一起轉往牡丹江，再送佳木斯時，因為她已病入膏肓，難以承受旅途顛簸，而未能成行。

沒過多少日子，國民黨飛機轟炸吉林。解放軍將婉容、嵯峨浩等押上火車，經敦化，於1946年5月末到了延吉，關進了民主政府主管的延吉法院監獄。1945年末，延吉就回到人民手中，雖然很亂，但民主政府基本能控制局面。民主政府和解放軍將婉容關進監獄，既不是因為她是皇后，也不是因為她是政治犯，而是

她無家可歸，放不掉，不得不在極度困難的戰爭條件下帶她到處轉移。

延吉監獄很大，一棟房子約有40間監房，哪一間都滿員。解放軍將她們送進女監，混凝土造的倉庫。婉容的住處是一張二層床，她被放在下床。她有時從床上滾落到水泥地上，一動不動，門口的飯也不吃，大小便失禁，在多年的壓抑和鴉片的麻醉中已精神錯亂，神志不清，形容枯槁，憔悴不堪。

1946年6月初，傳說國民黨要向延吉打來，解放軍決定經圖們向牡丹江轉移一批犯人。解放軍為婉容準備了馬車，到小倉庫一看，她已病入膏肓，不省人事，難以承受旅途顛簸，在路上容易折磨死，所以，臨時改變了主意，將她留下由獄方照料。嵯峨浩等5人忍痛與婉容分離，愛新覺羅的家族中只剩下婉容留在延吉。

1946年6月20日上午5時許，婉容淒涼地在延吉市與世長辭，時年40歲。死亡地點：延吉監獄小倉庫（今藝術劇場一帶）；死亡原因：精神分裂症引起諸病枯竭而死；死亡環境：身旁無一親人，孤單而去。

早飯後，獄方巡監見婉容已僵死，就為她照遺體像，登記，然後由張排長等6人用一門板抬走，擇一平坦處挖坑埋葬。屍體瘦而輕。埋後有小墳頭。日久而被風吹平了。埋葬的時間為中午時分。無棺材，無花圈，無親屬相伴，更無追悼會，亦未立碑。其墳位置在藝術劇場以南、帽兒山山坡以北的山坡下。

關於婉容的死地，在愛新覺羅家族中和社會上有許多傳聞：

（一）溥儀的說法：

溥儀前後兩次談到婉容的死地：第一次是在撫順戰犯管理所寫《我的前半生》初稿時。他寫道：「『八・一五』以後，她

（按：指婉容）雖然也和東北人民一樣，得到真正的身心解放，無奈病勢已深，終於病死在哈爾濱，而了結了她那極其不幸的一生。」婉容一生沒到過哈爾濱，也不可能死在哈爾濱。第二次是在20世紀60年代初《我的前半生》正式出版時。該書修正了上面那段話，改定如下：「『八‧一五』後她和我分手時，煙癮已經很大，又加病弱不堪，第二年就病死在吉林了。」如果說這「吉林」二字含著一個省的範圍，倒也不錯，卻沒有指出具體的位置。倘僅指吉林市，無疑是錯了。

（二）嵯峨浩的說法：

在《流浪王妃》一書中，嵯峨浩說他們離開延吉後，部隊又把婉容「送到了位於中朝邊境的圖們市」，「婉容皇后就在那裡，一個人孤獨寂寞地死了」。部隊既是因為怕路上顛簸而留下婉容，不讓她隨軍轉往佳木斯，當然也不會送她去圖們。再說延吉、圖們相距僅兩小時路程，沒有轉移意義。

現已查明：上述說法都是缺乏根據的傳聞，而且都錯了。

據一位健在的目擊者說，婉容死在延吉。這位目擊者名叫郭長發，他在1985年11月間因病住院，並與黑龍江省林口縣一位幹部樸亨道成為病友。1986年3月20日，樸亨道寫信給《末代皇后和皇后》一書作者，反映了郭長發老人關於婉容死地提供的新證據。信中寫道：「據他（按：指郭長發）說：婉容當時確實死於延吉江北大獄。因為她當時正像書中所說的『病重』，加之當時生活條件、醫療條件極差，最後死於獄中。死後也是他們（郭等）用舊炕席卷著扔在北山上的。因為是皇后，不同凡人，他對當時的情節、年月日都記得非常清楚。」

嗣後，陳自新、于天震、于天雲三位又對婉容的死亡地點和時間作了考察。他們「翻閱了一些或許是目前所能見到的原始資

料,並走訪了一些當時接觸過這方面情況的人士,包括參與為婉容遺體拍照的同志」,從而獲得了確切可靠的證據,她確實死於現已改建為延吉藝術劇場的延吉監獄,當時稱之為「江北大獄」。

至於葬地,郭長發說是「用舊炕席卷著扔在北山上」,而陳自新等三人說是「葬於延吉市南山」。在當時環境下只能簡單處理後事,拍攝遺容和屍體存檔,然後找個合適的山溝掩埋,不留墳頭。關於「北山」和「南山」的說法不同,恐怕是因為郭長發按當年居處的方位講話所致。他們都說葬在山上了,正式稱謂應是「延吉市南山」。

三年以後,在伯力收容所過囚居生活的溥儀,從嵯峨浩給溥傑的家信中獲悉婉容的死訊,他似乎也無動於衷。

塵埃落定：溥儀墓地之謎

溥儀自1912年退位，至1967年10月17日病逝。其間經歷過「張勳復辟」，擁其第二次當皇帝（僅12天即告失敗）。1924年被馮玉祥國民軍逐出紫禁城，次年移居天津。1932年2月在日本帝國主義的策劃下，任偽滿洲國執政，年號大同，改長春為新京。1945年日本投降，被蘇聯紅軍俘獲。1950年被遣送回國，入撫順戰犯管理所接受改造，1959年12月被特赦。次年分配到中國科學院植物園工作。1961年任全國政協文史資料研究專員。1964年被選為全國政協第四屆委員。1967年在北京逝世。

溥儀是因患腎癌逝世的，享年61歲。溥儀死後葬入皇家陵寢了嗎？他生前營造過「萬年吉地」嗎？此事至今鮮為人知。據李青《堪輿說帖》證實，1915年溥儀10歲時，廢清皇室決定為溥儀選擇「萬年吉地」。擔任此任的即是精通風水的廣東廉州府李青。李青在筆帖式錫泉等人的陪同下，踏遍了河北省易縣西陵的山山水水，經過勘測與卜算，認為泰東陵旺隆村北（俗名狐仙樓），是一處上吉佳壤。陵穴定在西北的山坡上，與崇陵遙遙相對，清皇室經過討論，並派人實地驗證後，認為可以選用，並即時將此地圈禁起來。

據徐廣源《清朝皇陵探奇》記載，當時「溥儀小朝廷沒有自己的經濟來源」，「更何況時局不穩，小朝廷自身難保，所以陵址雖然已經選定，但一直未能興工。」

還有一種說法，出自陳寶蓉著《清西陵縱橫》，說：「溥儀入承大統後，便於崇陵旁的旺隆村北選定了『萬年吉地』。」並「於宣統二年破土修建，採取了先地下，後地上，由後向前逐步施工的辦法。施工一年有餘，完成了地宮開槽奠基和明樓寶城等基礎工程。辛亥革命爆發，清王朝便倒台了，至此宣統陵寢工程被迫停止，再沒有恢復興建。」兩種說法，孰是孰非，有待考證。

溥儀逝世後，是土葬還是火化呢？

據溥儀的夫人李淑賢說，溥儀的遺體是1967年10月19日火化的。對於骨灰如何處理，周恩來當時作了明確指示：

（一）可由愛新覺羅家族決定。

（二）可由家屬選擇在革命公墓、萬安公墓和其他墓地的任何地方安葬或寄存骨灰。

10月21日家屬聚會進行了討論，經家族一致商定，將溥儀的骨灰寄存在八寶山人民骨灰堂（《溥儀的後半生》）。溥儀之弟溥傑說：周總理等領導同志「對溥儀的後事非常關心，曾對我說，是否要建立一座漂亮的陵墓？作為一個市民，我明確拒絕了」。

據新華社報導，為了祭奠這位在「文革」中遭到不公正待遇的公民，1980年5月29日在政協禮堂，為溥儀舉行了隆重的追悼會，鄧穎超、烏蘭夫、彭冲等中央領導為他送了花圈。全國政協副主席季方、劉瀾濤等三百多人出席追悼會。會後根據中央指示，將溥儀的骨灰重新安放在八寶山革命公墓第一副室。

至1994年，溥儀葬地又有變化。《清室皇陵探奇》記載：1994年旅居海外的張世義先生在易縣崇陵西北興建了一座華龍皇家陵園。為了提高陵園知名度，增加效益，張先生經過不懈努力，

勸動了溥儀夫人李淑賢,將溥儀的骨灰盒遷葬西陵。安放儀式於1995年1月26日舉行。由李淑賢把骨灰盒捧至墓穴前,陵園工作人員將骨灰盒放入水泥築的「槨」內。面南朝北,蓋上「槨」蓋,最後澆上混凝土。

這就是清末最後一個皇帝的「萬年吉地」。

〈本卷終〉

國家圖書館出版品預行編目資料

歷代帝王暗黑祕史Ⅲ從朱元璋到康熙大帝，趙逸君主編，
初版，新北市，新視野 New Vision，2025.02
　　面；　公分 --
　　ISBN 978-626-7610-07-7（平裝）
1.CST：中國史　2.CST：通俗史話

610.9　　　　　　　　　　　　　　　　　　113019381

歷代帝王暗黑祕史 Ⅲ
趙逸君　主編

出　　版　新視野 New Vision
製　　作　新潮社文化事業有限公司
　　　　　電話 02-8666-5711
　　　　　傳真 02-8666-5833
　　　　　E-mail：service@xcsbook.com.tw

總 經 銷　聯合發行股份有限公司
　　　　　新北市新店區寶橋路 235 巷 6 弄 6 號 2F
　　　　　電話 02-2917-8022
　　　　　傳真 02-2915-6275

印前作業　東豪印刷事業有限公司
印刷作業　福霖印刷企業有限公司

初　　版　2025 年 03 月